鹿児島
野の民俗誌

— 母と子の四季 —

南日本新聞社編

南方新社

序文
故郷のこころを再訪する旅

大みそかの夜、甑島にトシドンがやってくる。つり上がった目にとがった鼻という恐ろしい形相で「言うことを聞かん子はおらんかー」と大声を出しながら家々を回る。恐怖に震え上がった子どもが「良い子になります」と誓うと、歳餅を子どもに背負わせて去って行く——。南日本新聞の連載企画「かごしま母と子の四季」（一九八五年一月〜十二月）が初回に、子の健やかな成長を願う「甑島のトシドン」を紹介している。この企画は四季折々に催される郷土の民俗行事を訪ねるシリーズである。以降は臼起こしの「コタコン」（旧高山町鳥越）、子どもの正月の遊び「ハマテゴ」（枕崎市）、徳之島の餅もらい行事「ムチタボレ」と続く。南北六百キロの県土がいかに多様で豊かな文化に彩られているか、あらためて気付かされる。

本書は「かごしま母と子の四季」をベースに加筆訂正し、復刻したものだ。昭和時代の鹿児島の民俗資料として貴重な記録といえる。それはまた郷愁を誘う年中行事のカレンダーでもある。豊作や豊漁、豊蚕の願い、厄を払う奇祭に秘祭、自然への畏敬と祈り……。こうした光景が生き生きと描かれ、人々の息遣いまで聞こえてきそうだ。

現在、既に消滅してしまった民俗行事は少なくない。正月の臼起こしは電動餅つき器の普及に押され、三島村黒島の磯遊び「舟浮かし」は港湾工事の影響で途絶えた。奄美の女性神職ノロによる一連の行事も後継者難で歴史の中に消えていった。また、消滅は免れても変容を余儀なくされるケースが相次いでいる。人口減や少子高齢化による担い手不足や生業の変化が深刻な影を落としているのだ。来訪神トシドンにしても国連教育科学文化機関（ユネスコ）の無形文化遺産登録で脚光を浴びる一方、少子化が進む島の現実に直面している。

鹿児島では古来、黒潮に運ばれた南島文化などさまざまな異文化を受け入れてきた。先祖から受け継いだ民俗行事はかけがえのない文化遺産に違いない。存続の危機が迫る今、その価値を見つめ直したい。次世代に伝承、保存するにはどんな手だてが要るのか、立ち止まって考えたい。令和の時代に本書を出版する意義はこの点にあるだろう。

本書のもとになった連載はすべて元南日本新聞記者の名越護さんが手掛けた。持ち前の好奇心で知られざる地域の伝統行事を探し、足で稼いだ取材である。随所に興味深いエピソードがちりばめられている。ぜひ本書を手に取り、故郷のこころを再訪する旅に出掛けていただきたい。

南日本新聞社編集局長　光安善樹

はじめに

私が民俗学に興味を持ったのは小野重朗先生（故人）の南日本文化新書『かごしま民俗散歩』を手にした一九七五（昭和五十）年ごろだ。小野先生は私たちの甲南高校時代に、生物の先生であったが、それ以降の交流はなかった。もちろん、日本における著名な民俗学者ということなど知るよしもなかった。なお、小野先生は、民俗学者の最高峰に贈られる柳田國男賞や南日本文化賞にも輝いた立派な心やさしい民俗学者だった。小野先生と一年間、楽しい民俗調査行が出来たのは、私の貴重な日々だった。先生の学恩に感謝している。

先生のこの本を読んで、ヤマト文化と南島文化が混ざり合う鹿児島は、農耕・漁労に由来する民俗行事の宝庫であることを知った。しかも、南九州市知覧町のように、子供たちが神の代行者として民俗行事の主役を務めている場面が多い。子供たちは山を下り、神の姿であるヨイヨイ笠をかぶり、ことしの「作物の出来はヨイヨイ」といい、相撲の四股を踏み祝福するのだ。それ以来、民俗学関連の書を読み漁り、子供に関連する県内の民俗行事を努めて見学するようになった。

また、奄美出身の私は、幼少のころから白い布を羽織ったノロ（女性の祭祀者）たちが、季節の折り目ごとに祀りをして集落民にミキ（米粉を発酵させた神酒。ミシャグともいう）を与えており、私もお椀を持ってもらいにいった幼少の記憶がある。奄美には、女性は自分の兄弟の守り神だというウナリ（姉妹）神信仰がある。本土ではどうだろう、という疑問もあった。

記者として南日本新聞文化部に在籍していた一九八五（昭和六十）年に、子供と女性に焦点を当てた企画記事を構想して「くらし生活面」の年間企画「かごしま母と子の四季」という週一回の連載を一年間続けた。その数、五十三回。取材中、小野先生は民俗取材の注意点や個々の民俗行事の学問的な意義など懇切丁寧にアドバイスされて本当に助かった。小野先生のご指導がなければ、連載企画やこの拙い書は実現しなかっただろう。先生の霊《みたま》に感謝の誠を捧《ささ》げたい。

これらはあくまでも記者が書いた民俗ルポルタージュであり、民俗学の専門書ではない。さらにその余勢で翌年には同面に「かごしま民俗ごよみ」九十五回も書いた。年間企画を連続で書いたわけである。「働き方改革」が叫ばれる今日、自身のタフさに隔世の感がする。

あれから三十四年すぎ、世の中も世界的に稀な少子化や高齢化、産業の多様化が急速に進んだいま、私たちが祖先から受け継いだ貴重なこれら民俗行事は、ほとんどが消滅しただろう、と予想した。その中で、少子化が民俗継承に与えた影響の重大さを痛感する。その前に詳細な記録を残すことは私たちの重要な務めだ。子供が少ない国は、衰退の道を歩む。少子化対策は日本の緊急な課題でもある。

関連市町村のご協力をいただいて【令和のいま】を知り、連載記事を加筆訂正して復刻できないか、南日本新聞社と交渉したところ、新聞社のご厚意で「南日本新聞社編」という形で、異例の〝復刻書籍化〟を実現することとなった。南日本新聞社のささやかなOB記者の意を汲み、思いやる心で、著作権の貸与にご同意され、この記事の復活を可能にして下さったことに心から感謝したい。

関連市町村教育委員会の報告によると、消滅した民俗は約四割。ほとんどの民俗行事が地域住民の民俗文化の重要性を認識し、人口減のなか知恵を結集して行事の継続を細々と努めている実態を知り、ホッと胸をなで下ろしている。そのご苦労を思うと頭が下がる。復刻を機会に消滅した民俗を復活させようという動きが一部にあることも教委の回答で分かった。

拙い書のタイトルは、『鹿児島 野の民俗誌―母と子の四季―』とし、企画中に紙面化した関連する民俗行事の記事をまとめて構成した。さらに「くらし生活面」で報道した民俗関連の記事を「番外編」に収めた。なお、記事中にある市町村名や地図の表記、さらにご芳名の年齢などは、当時のままとする（各民俗行事の見出しには、現在の市町村名を付記）。本文中「ことし」とあるのは、一九八五（昭和六十）年のことである。連載一回目は「トシドン」だったが、年末行事のため、本書では最終回に配置した。

鹿児島民俗学会会員　名越　護

鹿児島 野の民俗誌―母と子の四季― 目次

番外編

装丁　オーガニックデザイン

鹿児島　野の民俗誌　―母と子の四季―

1

コタコン

高山町（現・肝付町）鳥越

臼叩き豊作を予祝

暖かくおだやかに明けた新年。元日の夜、高山町鳥越で臼起こし行事「コタコン」が子供たちにより、にぎやかに行われた。

町の中心街から南へ車を走らせる。甫与志岳《ほよしだけ》の山ふところに抱かれた畑作台地が広がり、鳥越集落が軒を並べていた。午後八時すぎ、子供会育成会長の農業、鳥越繁喜さん（三八）宅庭では焚き火が夜空を焦がし、その周りで小、中学生十数人と、子供会ＯＢの高山高校一年、梶原重幸君（一六）が「臼起こし歌」の練習とリズム取りに余念がなかった。

「コタコン、コタコン」とはやしながら臼を叩いて豊作を予祝する子供たち

歌合わせがすんだ午後九時前、繁喜さんと役場職員鳥越義信さん（三七）が「さあ、出発すっど」と腰をあげた。目指すはムラはずれの農業、打越義教さん（七二）宅。子供た

ちは手に手に柄の長さ三十センチほどの木槌を持っている。ことし初めてこの行事に参加する国見小一年、鳥越友美ちゃん（六つ）も、この日、父親が作ってくれた真新しい木槌を握って、目を輝かせている。

義教さん宅玄関には、大晦日に寝かせ、箕《み》を被《かぶ》せた臼が目覚めを待っていた。

子供たちは「臼起こしに来もした」とあいさつ、臼を囲む。箕を取ると、臼の中に一升マスがあり、丸餅五個とお年玉袋、それにユズリ葉、ウラジロが添えてある。子供たちは木槌で臼の縁を叩きながら、

〽臼はとっくい　キネは鳴るカネ　カンパカラダケ
踊い白酒　コタコタ　コンコン
ここは分限者　金がザクザク　今年の春はよい春で
キネを並べて　コタコン　コタコン

と、臼起こしの歌を大声で歌い、豊作を予祝した。臼起こしを「コタコン」と呼ぶのも、この〝はやし〟からだ。そしてお礼に臼の中の供え物をいただいて次の家へ向かう。天空の上弦の月が美しい。

どの家も子供たちの来訪を今か今かと待っていた。しかし、臼のある家は五十六戸のうち、たったの八戸だけ。五年ほど前、繁喜さん宅からも臼が姿を消した。「こんな田舎でも電動餅つき器が

臼に取って代わりもした」と繁喜さん。

臼のない家では「こいを叩きやんせ」と物置小屋から廃材を持ち出す。それもない家では、子供たちは庭石をトントン叩く。しじまを破るような槌の音の合唱に、ウシ小屋のウシも、首をもたげて「モー」と、びっくりした様子。「今年しゃ、君たっの年。祝いに来たんじゃ」と、繁喜さんが牛をなだめる。槌の音は暗闇にひときわ甲高く響いて、三時間がかりで全戸を回った。

なぜ子供たちは臼を起こして回るのだろうか。民俗学研究者の小野重朗著『かごしま民俗散歩』によると、昔の鹿児島人たちは日ごろ使う道具類も年末にはすべて眠っているので、新年に家々に来訪する神の〝代行者〟としての子供たちが、寝た臼を起こして臼に「新しい力と生命」とを得るためだ——と書いている。

この行事、五年ほど前までは男の子だけが参加できた。そのころは中学生がリーダーになり、集会所に泊まり込み、二日午前二時から二組に分かれて全戸の臼を起こし餅をもらうものだった。しかし、児童生徒も少なくなり、今では女の子も仲間入りしている。

年越しの夜に臼を休めて忌み籠《ごも》りさせ、正月二日早朝に臼起こしして回る行事は、九州各地に色濃く分布する正月行事だ。しかも子供たちが祝言者になって家々を回るのは鹿児島独特のもの。種子島でも元日の夜明けに臼に向かって、

〽高砂の尾上の松で臼きって

その枝々でキネきって

千徳々万徳々

という歌を三唱して、持ったキネで臼を突くマネをし、餅をもらう行事がある。

鳥越では、かつてもらった餅の半分は、老人ホームなど福祉施設に贈っていた。しかし、「あまり喜ばれなくなったので、昨年からは有線放送で〝餅よりお年玉を〟と協力を呼び掛けておっとです」と繁喜さん。昨年は、このお年玉が合計一万八千円にもなり、子供会の貴重な活動資金になった。

叩いて起こす臼が年々消え、ご祝儀の丸餅（年魂）が現金になっていく。機械文明の波がひなびた寒村をも飲み込んでいる。そのうち臼起こし行事の本来の意義まで忘れ去られるのでは――。

【令和のいま】

少子化で、現在は休止しており、十五年ほど前に行われたのが最後。

（肝付町教委）

2

ハマテゴ

枕崎市小江平

転がるダイダイ射り競う

勢いよく転がるダイダイめがけて矢を放つ枕崎の子供たち

正月二日朝、枕崎市小江平で、子供たちの正月遊び「ハマテゴ」が行われた。

鹿児島地方は元日に続き、おだやかな晴天に恵まれていたが、川辺・枕崎境の峯尾峠を下ると天気は一変、空には雨雲が低く垂れ込め、今にも泣き出しそうな雲行きだった。

午前九時前、枕崎市中心部の高台にある小江平公民館前広場には、子供たちが「ハマテゴ」の開始を今か今かと待っていた。子供たちが三十人ほどになったころ、永江勉桜木町公民館長(五四)、上釜政義緑町公民館長(六五)らが、直径一メートルほどのモウソウ竹製の弓と、地元でヤガラ竹と呼ぶ細い竹製の矢(長さ約七十センチ)を地面に一列に並べる。矢じりは鉄製で鋭い。この弓と矢は以前、子供たちが手作りするものだった。しかし、万一ふざけ合ってケガでもされたら大変、と今では大人が作製、管理している。並べられた弓と矢は、昨年新調したばかりだという。

「さあ、始めるぞ」。永江さんらに促され、子供たちは弓と矢を前に一列に並んだ。お母さんたちも応援に駆け付け、焚き火を囲んでいる。ドーン、ドン。太鼓を合図に、永江さんが転がした黄色いダイダイは勢いよく転がる。畳糸製の弦が大きく撓《しな》る。かたずをのんでいる子供たちが一斉に矢を放つ。だが、一回目は全員が不発。二回、三回とダイダイの獲物が現れるが、なかなか矢は命中しない。

「昔は東西両軍に分かれて射合うもんじゃった。そして一方が射当てると、敵軍から一人〝兵〟を自軍に取るもんごわした」と永江さん。今は平地の広場で競っているが、かつては公民館入り口の坂道でダイダイを転がして射合っていた。

ダイダイが弓矢の放列をくぐり抜けるたびに「アー、アッ」。ため息がもれる。そして五回目。枕崎小六年の上釜真理子さん（一二）ら女の子も顔を紅潮させて的を絞る。かつては女の子の参加はご法度だった。ダイダイがスピードを増して転がる。また一斉に矢が放たれる。と、列の中ほどでブスリッと鈍い音。同じ枕崎小五年の小川真樹君（一一）の矢が見事刺さったのだ。小川君はニコッと白い歯を見せ、矢に刺さったまま高々と掲げ「テゴ、テゴー」と、得意げに勝ちどきをあげた。「おめでとう」。見物客の母親たちからも祝福が飛ぶ。三十回ほど挑戦して射当てた者は五人。ほうびにノートをもらい大喜びだった。

ハマテゴの「ハマ」は「破魔」だという。では「テゴ」の語源はなんだろう。永江さんらは「サァー？」と腕組みする。同行の民俗学研究家・小野重朗さんも首をかしげる。手児《てご》（幼児、赤ん坊）でもあるまい。後日、小野さんから「手功《てこう》（手でする技、またはそれに優れていること）と関連があるのでは」とユニークな示唆をいただいた。またダイダイなど丸いものを射当てることは、年占いにも通じており、丸いダイダイを射ってこの年の作物の「出来がよいか」「運勢はどうか」を占っているのだろう。そうだとすると、これは正月に神社などで売られる破魔弓・破魔矢と同じように、弓矢に悪魔払いの呪力を信じたのだろう。それが競技化したもので、鹿児島に伝わる破魔打ちもこれと同列で占いの正月遊戯ともいえよう。

ハマテゴと類似した遊びに、近年まで行われていた指宿市尾掛の「イシナト」や出水地方の「破魔射」などがある。また三島村黒島では正月二日の朝、カンネンカズラで作ったハマを高く投げ上げ、これを射落とす遊びが行われていた。

これらの例から小野さんは「破魔投げは本来、弓で的を射ってその年の吉凶を占う行事。もっと古くは狩猟始めの儀式で、それが競技化したのだろう」とみている。

【令和のいま】

今も一月二日に実施されている。（枕崎市教委）

3

ムチタボレ

徳之島町上花徳

家を巡り踊りまくる

庭先でムチタボレ踊りを繰り広げるお母さんたち

正月四日夜、徳之島町上花徳で婦人たちの「ムチタボレ」＝餅貰い＝が、にぎやかに行われた。

徳之島の北東、海岸沿いの台地に広がるキビ畑に囲まれた百六十四戸の集落。キビの収穫の本番を控え、島の人にとって正月はしばしの休息日でもある。小雨煙る冬の夜だったが、ムラに通じる坂道には、深紅のハイビスカスが咲き競い、ほおをなでる風は、本土の春を思わせるやさしさ。常夏の島ならではの冬景色だ。徳之島は闘牛の島。この日は島内一を決める正月場所の千秋楽とあって、島は闘牛の話でもちっきりだった。

午後七時すぎ、公民館長の植木栄輔さん（五二）も闘牛見物をすませ、あわただしく研修館に駆け付けた。「雨が降るとサンシン（蛇皮線）が傷む。今夜はムチタボレ（ムチムレともいう）ができるだろうか」と、雨空をながめ、こちらを不安がらせる。だが、そのうち雨音もやみ、植木さんは「実施」を放送した。

間もなく広富美子婦人会長らお母さんたちが研修館に集まって仮装を始めた。「昔はミノカサで完全仮装、決して顔を見せなかった」というが、今では仮装も簡略化している。二十人ほど集まったところで、介添え役の町農協職員、向井元成さん（五四）らの蛇皮線、チジン（牛皮張りの奄美独特の小太鼓）を先頭に「ヤーマワリ（家回り）」だ。

トップは農業、秋本照仁さん（五〇）宅。蛇皮と太鼓の「六調」のリズムが軽快に響く。つられるように婦人たちの手や足がリズムに乗り、庭いっぱい円陣を描く。さすが民謡の島、踊り好きな人々だ。向井さんらが「ムチタボレの歌」に声を張り上げる。

〽タボレ　タボレ　ムチタボレ
ヤンユエヌ　ムチタボレヨ
タボレラ　ダーテッカラ
テカラヤ　センド

「餅を下さい。くれないと踊ってあげないよ」という意味だ。そして「アラ　ドンドンセー　シャマイト　シャンセー　ホイホイ」と、はやしが入る。

婦人たちの踊りは、右の手を上げたら同時に右足を上げる独特のもの。踊りの最中、秋本さんは誰構わず黒糖焼酎を振る舞う。ひょっとこ面の保岡イワさん（六〇）もひょうきんなしぐさに汗びっしょりだ。

ひとしきり踊りの供宴が続く。「花じゃ」。秋本さんが餅ならぬご祝儀を手渡すと、踊りの波は隣家へと寄せる。だが、昨年不幸のあった家は遠慮する。「戦前まではテル（奄美独特の背負い籠）いっぱい餅をもらうものだった。近年はお金に代わり、祝儀はムラの防犯灯維持費に使っている」と、蛇皮線の広田勝重さん（六五）。踊りと歓声は深夜まで続いた。

この行事、かつては旧正月十六日に行っていた。旧正月が消えて新正月に統一され、新暦一月十六日に繰り上がった。さらに近年は、帰省者も参加できるよう、四日に引き寄せられた。

もともと徳之島では一月十六日はウヤウジ祭り、ウヤンコウ（高祖講）などといってご先祖の正月の日。上花徳でも先祖祭りという〝送り正月《しゅけ》〟を行っていた。正月は年神を迎えるだけでなく、祖霊をも墓地から迎え、この日、最後の飯や酒肴を供え、夕方に墓地まで送った。墓前では酒宴を催すものだった。そして夜は、子供や婦人たちのムチタボレがにぎやかに催された。

今では昼間の祖霊送りは完全にすたれ、行事そのものの存在を知る人も少ない。そればかりか、子供たちの楽しみだったムチタボレも「何組も次々とやってきて困る」と一部住民から不満が出て、昨年から一部中止された。

踊り連は福の神の使者といわれ、豊作を予祝して回る小正月の来訪神の一つと見られる。

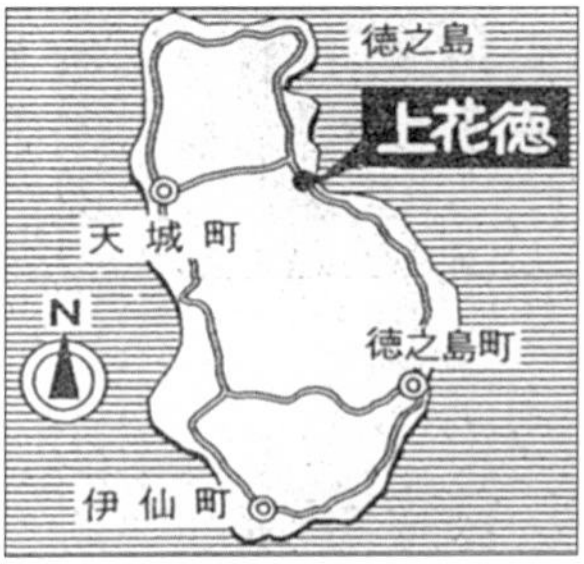

だが、村人にその意識はもうなく、キビ取り入れ前の娯楽の一つになっている。

【令和のいま】
上花徳のムチタボレは現在もしっかりと受け継がれている。集められた「お金」は婦人会の活動資金として使われている。なお、花徳前川の一部でも婦人会や子供会を中心に行われている。（徳之島町教委）

4 オンノソベ

上屋久町（現・屋久島町）宮之浦

火柱に悪霊を追う

古来人間は、火や爆音に悪霊を払う呪術力がある、と信じてきた。特に正月六、七日は、鬼に代表されるさまざまの悪霊が村々にやってくるので、鬼火を焚き、竹の爆《は》ぜる音でこれら悪霊を追い払うのだという。これが鬼火焚きで、鹿児島ではオンビタキやオネッコ、オネッポなどと呼び、今も各地で盛んに行われている。

屋久島の上屋久町宮之浦では、これを「オンノソベ」と呼ぶ。鬼くすべ（鬼をいぶす）がなまっ

子供たちが見守る中、鬼の面を射落とす上野さん

たのだろうか。宮之浦では鬼火を焚くだけでなく、翌朝「オンノクソ（鬼のフン）」という餅拾いの行事が行われる点で、ユニークな正月の火祭りだ。

オンノソベの準備は七日早朝から始まる。場所は宮之浦川沿いの屋久島電報電話局前広場。吉元八栄公民館長（五九）ら役員十数人が長さ十数メートルのモウソウ竹を継いで、高さ十七、八メートルの心柱を組む。他の役員らはトラック二台で地区内の門松や門木、正月飾りを集めて回り、心柱に差し飾る。これをクレーンで吊るして、ようやく昼過ぎに根回り約十メートルもある立派な三角錐のヤグラが組みあがった。

午前四時前、親子連れら地区民百人余がヤグラを囲む。ヤグラの頂に畳四・五畳ほどの赤鬼、青鬼の面を描いたパネルがスルスルと上がった。すると、見物人は支柱縄をくくりつけ始める。書店経営川崎幹雄さん（三五）も長男遊生《ゆうき》ちゃん（生後二カ月）を抱いて細縄をくくりつける。同行のお爺ちゃんの喜五郎さん（六四）が遊生ちゃんのために、この朝、縄ないしたという。鬼の面が引き倒される際、一緒にこの縄を引くと、鬼より強い元気な子に育つ、といい伝えがあるのだ。

役員がお祓いの焼酎を振り掛け、点火する。ヤグラには灯油を染み込ませているので、火勢はパッと一気に上部まで走り、夕やみを赤く焦がす。「ウォー」と歓声が上がる。間髪を入れず狩りの名人、上野義明さん（四〇）が鬼の面めがけて鉄砲をドドーン。同時に役員と見物人が支柱縄を引く。バリ、バリ、ドスーン。燃え盛る火の柱は風上の方に鈍い音を残して倒れ、間もなく鬼の面も跡形もなく燃え尽きた。

火柱はその後も燃え盛る。時折ポン、ポーンとモウソウ竹の節が地響きたててはじける。「あの音にびっくりして鬼が逃ぐっとじゃ」。宮田スエさん（六八）が孫の俊一ちゃん（一つ）に語りかける。小一時間、火勢が弱まると、子供たちは、火がくすぶる門木を拾い合う。「昔はこれをいろりに一年中供えると、無病息災になるというもんじゃった」と吉元館長。若いお母さんたちも「今はかまどがないので、玄関にでも飾ります」と、まだ火がくずぶる門木を手に家路についた。

ここまでは鹿児島本土の鬼火焚きと大同小異だが、宮之浦には、これに続く「オンノクソ」の行事が翌朝、各家庭ごとに行われている。下浜の泉武志さん（六八）宅でも八日朝、孫たちがこの行事を楽しんでいた。

七時すぎ、武志さんが大きな鏡餅を庭の棚や床下などに隠す。孫の隆一ちゃん（七つ）、康介ちゃん（五つ）、雄二ちゃん（三つ）が起きてきた。武志さんが「夕べ、鬼たっは鉄砲で打たれたもんで、びっくり仰天してクソして逃げおった。庭にそんクソがあっで、探してみれ」と促す。すると孫三人は競って庭に下り、鬼のフンに見立てた鏡餅を探す。三人は次々と「オンノクソがあった！」と歓声を上げて喜んでいた。この餅は青カビが生えれば生えるほど鬼のフンに似ていい、という。このユーモラスな行事も、今では年寄りのいる家庭で細々と守られているだけだ。

九州に分布する鬼火は、小正月に行う本州のサギチョウ（左義長）、賽《さえ》の神焼きなどの火祭りより、古い習俗だという。しかもトカラや奄美、種子島にはない風習で、屋久島に現存するのは、鬼火焚きの南限とみられる。

鬼を射って火で燃やしたりして鬼を追い払うのが一般にいう「鬼火焚き」だが、屋久島では射られ、焼かれた鬼は、子供たちに「オンノクソ」という餅をプレゼントする逆現象の行為をするようにみえる。なぜだろう――。鬼というのは元来、人々に祝福をもたらす神であるのでは、と「オンノクソ」を見て考えを変える必要があるのでは、とも思った。そう考えると鬼火は「鬼を追い払う火ではなく、古くは集落を祝福にくる正月の神を迎えるための依り代が鬼火の柱である」という小野重朗説に納得もする。

【令和のいま】

現在も行われている。しかし、人家近くで猟銃を使用することは止められている。かつては「オンノクソ」と呼ばれていたが、今はそう呼ぶ人はほとんどいない。実施している家庭もない。（屋久島町教委）

5

門回り

上屋久町（現・屋久島町）宮之浦

めでた歌で門祝い

上屋久町宮之浦下浜では、「オンノソベ」という鬼火焚きの行事が行われた正月七日夜、子供たちが各戸を回り、「祝おうて申す」と、めでたい言葉を歌って祝儀をもらう「門回り」が、夜遅くまで行われた。

「オンノソベ」の興奮もさめやらぬ子供たちはこの夜、早めの夕食をすませ、隣近所さそい合って近くの益救《やく》神社に集まった。同社は「延喜式」にも記されている格式ある社。昼間は七草、帯解き祝いで参拝客が途切れることなく賑わっていた。しかし、夜のとばりが下りる時刻ともなると、人の気配もなく、拝殿の裸電球がにぶい光をたたえ、静寂そのものだ。

約三十人の子供たちは、まず拝殿に向かって「イオ（祝）おーて申す」と祝い歌を一声。さらに九州最高峰の御岳（宮之浦岳）、次いで海に向かい歌い、二組に分かれて門回りに出発した。

益救神社宮司の吉元富雄さん（六八）宅が皮切り。子供会育成会長の商業、畠中忠雄さん（四六）に連れられて玄関先に着いた子供たちは、大きな声で「祝っていいですか」。すると、吉元さんが座敷に正座して「ご苦労さん。どうぞお願いしますよ」とニッコリ。すると、子供たちは、肩を寄せ合って朗々と祝い歌を合唱。

〽恒例の門松　いつもより
　今年は　木戸の松は栄えた
　栄えたも同様　東の方の枝には
　飛び魚が下がって　西の方の枝には
　ウグイスが止まって　ウグイスのメー（前）に
　生いたる稲は
　一もと刈れば千石　二もと刈れば二千石
　そなたの宿を見渡してみれば
　米ん俵千石　モミの俵二千石
　祝おうて申す

と声を張り上げる。初めて門回りに参加する中島牧子ちゃん（九つ）や荒木巧君（一〇）も見事な歌いぶり。「ミーレド、ミミミー」の短調なメロディーの繰り返しが、かえって神々しさを醸し出す。歌が終わると、吉元さんは「ありがとうございました」と、うやうやしく頭を垂れ、年長の中学生にご祝儀を手渡した。

玄関口でめでたい〝祝い口〟を唱える子供たち

子供たちは、前年不幸のあった家を避けながら歌い回る。地元の人は喜んで祝ってもらうが、よそから引っ越してきたばかりの転勤族の家庭では、前触れない夜の子供パワーの来襲にびっくり仰天。それでも事情がわかると、喜んで祝福を受けていた。

一組で六十戸を二時間かけて祝い歩くだけに、半ばごろになると、子供たちの声はカラカラ。元気な男の子たちは宮之浦港に停泊中の第二屋久島丸や第二太陽丸まで出かけて門祝いをした。

途中、同じ門祝い中の青年たちの声も交錯する。青年たちは井戸のある家と船持ちの家だけを回る。屋久島ではかつて井戸と船持ちは分限者だったという。

門回りする青年たちには、この夜だけの無礼講があった。「この夜はどこのサトイモ畑でもイモを自由に取ってよかった。青年たちは取った代わりに、平木に〝二才衆《にせ》〟と書いて立てて置けばよかった。これを見た地主は、お役に立った、と喜ぶものだった」と、縄文杉の発見者でもある岩川貞次さん（八一）は昔を語った。

回り終えた子供たちは熱いぜんざいをすすり、荒れたノドをいやした。この夜集まったご祝儀はしめて八万三千円也。子供会費を差し引いた残りは、年齢ごとに全員で配分。子供たちはお年玉の追加に顔をほころばせていた。

この行事は大隅半島南から種子・屋久、三島村に分布している。佐多町島泊では「福は内」、種子島は「福祭文《くさいもん》」と呼ぶ。昔は門祝いの時、ジロ（いろり）でハマガシの枝を燃やし、子供たちは家の中には入れなかったという。子供たちは鬼と同じ、七日正月の来訪者なのだろう。

【令和のいま】

記事に紹介している下浜の隣の脇仲浜子供会では正月七日夜、「祝おうて申す」を歌って祝儀をもらう「門回り」が行われている。しかし、内容は多少変化している。（屋久島町教委）

6 モグラ打ち

大口市（現・伊佐市）堂崎

庭叩き地霊起こす

鹿児島では正月十四、十五日の小正月をモッドシとかモッ正月という。また離島では若年と呼ぶ所もある。モッといえば、この日も餅を搗《つ》くので、餅年だと思う人も多いが、旧暦でこの日は満月なので、望月に由来していると見るのが妥当だろう。

小正月にはホダレ引き、ハラメウチ、ナレナレ、麦ほめなど農耕予祝に関連した、子供たちの民俗行事が鹿児島には多い。半面、大正月は山の口明け、クワ入れ、柴祭り（狩猟始め）など畑作・

狩猟始めの儀式が中心である。このことから民俗学研究家の小野重朗さんは、大正月を畑作正月（一次正月）、小正月を稲作正月（二次正月）と特徴づけている。つまり、焼き畑・狩猟生活から水稲耕作が普及するにつれ、小正月行事が多彩、複雑化したとみている。同十四日夜、大口市堂崎で行われたモグラ打ちもこの延長線上にある民俗行事といえよう。

「モグラ打っちゃドカなし」と、元気に地面を叩く子供たち

この日、大口市はこの冬一番の厳寒で、五センチほどの積雪。根雪にはならなかったが、昼間の雪解けのぬかるみは、日が落ちるにつれ、コチコチに凍りつく。午後六時半、子供たちは白い息をはずませて公民館に集まってくる。前庭には焚き火がたかれ、たちまち暖を取る子供たちの輪ができる。

間もなく、二十五人の小、中学生たちが手に手に、ワラ縄をぐるぐる巻きした長さ約一メートルのホテを持って門回りに出発した。

公民館長の丸山利雄さん（六三）宅――。子供たちが「モグラ打っけ来もした」と声を上げると、丸山さん夫妻は「どうぞ、頼みもんど」とニコニコ。前庭に陣取った子供たちは、

〽モグラ打っちゃドカ（罪）なし
　モグラビンタ（頭）ツッカゲ（打ち割れ）

と、大声で唱えながら、ホテで地面を力いっぱい叩く。ボット、ボト、バリッ、バリと凍りついた地面が鈍い地響きをたてる。ことし初めて参加した最年少で会社員今村本流さん（三四）の長女・朱香《あやか》ちゃん（四つ）も、小さなホテを懸命に振るう。

二分も叩いたろうか。丸山さんは「よう叩いてくれやった。これでことしも豊作じゃ」と子供たちをねぎらう。子供たちは、お礼に大きな鏡餅をもらい、次の家へと向かった。

昔はほとんどの家が、メノモチなど小正月に搗いた餅をプレゼントしていた。だが、最近は餅の祝儀はめっきり減り、お年玉に変わっている。夜がふけるにつれ、大口盆地特有の底冷えは一段と厳しくなり、家々の軒下にはツララがキラキラ。遠く紫尾、霧島山系の山なみの冠雪が、夜目にも白く輝いてみえる。二時間ほどで全戸を回り、五穀豊穣を祈った子供たちは、お母さんたち心尽くしの熱いぜんざいをすすり、冷え切った体を温めていた。

このモグラ打ちの唱え歌は、集落によって微妙な変化がある。堂崎の隣の金波田《かなはた》では「餅くれんな打っくれんど　アワ餅ちゃいらんで　米の餅くいやんせ」というようだ。

この行事は、ホテで地を叩くことで、眠れる地霊を呼びさまし、新年の豊作を祈るものだという。

堂崎では、新婚の家に限って唱えごとが「ハラメ、ハラメ」に変わる。これはいわゆるハラメ打ちだ。ハラメ打ちはハラメ祝い、嫁女祝い、ダセダセ、ハラメなどとも呼ばれ、先端を削り掛けにしたハラメ棒で新婚家庭の庭先を叩く。鹿児島各地に点在する行事で、モグラ打ちより古い習俗だといわれる。モグラ打ちは呪力のある棒で地霊を呼び覚まして悪さをするモグラを追い払い、豊作を予祝するのだろう。

堂崎にもかつてハラメ打ちがあったが、モグラ打ちが盛んになるにつれ、それに吸収されて現在に至ったのだろう。

【令和のいま】

堂崎のモグラ打ちは現在も行われている。（伊佐市教委）

7 ホダレヒッ

大口市（現・伊佐市）金波田

長菜汁食べ手枕寝

小正月の旧十四日は「穂垂《ほだれ》節句」ともいう。大口市金波田《かなはた》では、大半の家庭で「ホダレヒッ」が行われ、穂垂菜を食し、一年の農作物の豊熟を祈った。

「腹いっぺ食べた」とヒジ枕で寝転ぶ柳田さん一家

宮之城線羽月駅近くの金波田は、米どころ伊佐平野のまっただ中にある。ムラの名も「黄金が波打つ田」に由来するといわれるほど広大な水田地帯だ。農業柳田質《ただし》さん（四八）宅を訪ねた。

底冷えの厳しい一日だった。残雪が美しい幾何学模様を描くあぜ道。柳田さん宅の軒下にはツララがキラキラと冬の日差しに輝き、庭先や牛小屋にはこの朝飾った紅白のメノモチが枝に垂れ、小正月らしい雰囲気が漂う。柳田さんの妻礼子さん（四四）は、早くも台所でホダレヒッの準備にかかっていた。ダイコン、ニンジン、大人のコブシほどのサトイモ、ネギ、白菜……彩り鮮やかな野菜類が所狭しと並べられている。どの野菜もほとんど包丁を当てておらず、長く太いままだ。「きょうは包丁休めの日で、野菜類はなるべく包丁を当てないように料理するんです」と礼子さん。これを大なべに入れ、さらに火ぼかしたイワシ十数匹を加え、みそ仕立ての弱火でグツグツ煮る。

一方、質さんは近くの堤防から川柳の細い枝（直径一センチほど）を切ってきて、長さ約三十センチに切りそろえる。さらに一本一本丁寧に削り掛けを入れる。これが柳箸《やなぎばし》といって、ホダレヒッを食する特製の箸だ。

伊佐平野が薄墨色に包まれたころ、礼子さん自慢のホダレヒッも煮たった。質さんは初もののホダレヒッを皿に盛り、コップ酒とともに盆にのせ「田の神さあにあげもす」と床に供えた。そのころ、大口南中二年の長男、安武君（一四）と、羽月小五年の長女さゆりさん（一一）も剣道の練習を終えて帰宅した。

柳田さん夫婦は、料理を大なべから汁を切って鉄なべに移し、いろりの自在カギに掛け「さあ、ホダレヒッをいただくぞ」。質さんの母チヤさん（七三）もいろりを囲む。「さあ、たもんやんせ」と質さん。長く太い根菜類は皿からあふれ、武骨で豪快。味噌味がしみ込んで郷愁をそそる。イワシも特有の臭みが消え、軟らかく、骨ごと食べられる。

ネギや白菜はとろけて姿をとどめていない。「本来はネギでなく、〝ヒ〟といって、まだ玉を結ばないニンニクを使うとじゃ」と質さん。ニンニクは悪霊を払う霊力があると信じられているのだ。

ホダレヒッを食べる時、数々の忌避がある。例えば、熱くともフーフー吹いて食べてはいけない。吹けば大風を呼ぶという。この夜は決して水を飲んでもいけない。飲めば大雨で田が流されると信じられている。また、この夜は腹いっぱい食べないと、稲の実入りが少ないとも。

食べ終わると、質さんが「腹いっぺなった」と、その場にヒジ枕してゴロリと寝転ぶ。家族も質さんに習う。稲穂が重く垂れる所作だ。そして子供たちは、使った柳箸をできるだけ背伸びして家の桟などに置く。翌朝これを取ると「一晩で背が伸び、楽々取れる」という。これらのしぐさを見ると、いずれも稲作の豊熟のさまを写実的に表している。これも豊穣の予祝だろう。

鹿児島には、種子・屋久と大隅半島の一部に限って行われるもう一つの「ホダレヒッ」がある。それはカヤ束の葉先をカユ汁でぬらし、刈り穂のモミ殻を振りかけ、柳箸や小豆ガユ、モロムギの枝を箕《み》に乗せ、大かまに供えるものだ。山口県厚狭《あさ》地方では、ワラシべをカユに浸し、モミをまぶし付けて、その付き具合で作の豊凶を占うという。鹿見島のホダレヒッも、原初はこうした「作試し」だったかもしれない。

【令和のいま】

金波田自治会に聞いたところ、自分の分とご先祖様のお供えをする程度で行っている家庭が数軒残っている。（伊佐市教委）

8 ダゴまつり

志布志町（現・志布志市）田之浦

串ダゴを奪い取る

志布志の市街地から県道５０６号を北上、二十分ほど車を走らせる。左下の安楽川渓谷のせせらぎは、サラサラと春を奏でてここちよい。黒葛《つづら》集落は、御在所岳（五三〇メートル）の山懐にへばりつくように、十八戸が点在していた。

二月一日朝、厳しかった寒も緩み、抜けるような青空。お母さんたちは、ダゴ（だんご）宿の林業、藤山勇さん（四六）宅で、ダゴつくりに余念がなかった。各自持ち寄った米粉を田浦スズ子さん（七〇）らが手際よくこね、直径二センチほどの小餅に丸める。これを大なべで湯がいていく。

この間、男たちは長さ約四十センチの竹串に削り掛けを入れる。稲穂に見たてたこの削り掛けは薄く、たくさん入れるほどダゴ花の見栄えがする。それだけに各集落がその美しさを競うのだ。二百本ほどの竹串が出来上がると、長さ約二メートルの太い青竹の頂部半分に、ワラを巻きつけたホテを作る。

ダゴ花作りの準備はすっかり整った。田浦イツエさん（五五）らが竹串の先端にダゴと彩りにニンジン、キンカンなどを飾り、ホテに刺しかける。二百本も刺すと、みごとな球形のダゴ花は満開だ。さらにダゴ花の下に赤い

神社の拝殿前柱に飾られた色とりどりのダゴ花

実がいっぱい付いたナンテン、頂部にカミサカキの枝をあしらう。庭先のヤブツバキの花も添える。赤、白、黄……カラフルなダゴ花は、青く澄みわたった山里の空によく映える。

ひと仕事済んだお母さんたちは、すき焼きなべを囲んで腹ごしらえ。年一回の気さくな講とあって、女性陣も砂糖入りの焼酎を飲みながら破顔一笑が続く。上座の父親連が小さく見えるほどの大らかさだ。

いよいよ藤山さんの軽トラックに鎮座したダゴ花。かつては約一キロ下流にある田之浦の山宮神社まで、のんびりとダゴ花をかついで奉納したという。

牧迫スミエさん（八〇）が縁側からハリのある声を張り上げた。

〽うれしめでたの若松さまよ
　枝も栄えて……

「薩摩馬方節」だ。こちらでは嫁を送る時、必ず歌うめでたい歌。ダゴ花一つにも、嫁を出すのと同じ情愛で旅立たせる村人の心根がうれしい。安楽川のほとりにある山宮神社の拝殿には、すでに十本ほどのダゴ花が所狭しと飾られていた。食紅で彩りを添えたダゴ、カスミ草やピーマンでポイントをつけたもの……と各集落自慢のダゴ花の競演だ。それが境内いっぱいに早春の晴れやかな雰囲気を演出している。

午後一時すぎ、神事が終わると、境内の舞台に剣を持った白装束、白はちまき姿の青年たちが登場。笛やカネ、太鼓の音に合わせて神舞を舞う。このころには保育園児や小、中学生約百五十人も姿を見せた。神々しい舞が終わりに近づくころ、ダゴ花が次々と群衆の中に持ち出される。現世に引き戻された子供たちが一斉にこれに飛びつき、歓声をあげて串ダゴを抜き取り合う。ダゴ花はまたたく間に丸裸になった。このダゴを食べれば、一年間無病息災が約束される、と伝えられているのだ。数分後、境内にまた元の静寂が戻った。ほおをなでる風に春のやさしさがあった。

県内には豊作予祝の春祭りが多いが、ダゴ花を奉納するのは志布志、松山地方の五社ほどに限られている。たわわに垂れたダゴ花は、稲穂が垂れるさまを具現化したものに違いない。稲作の豊熟を期待する地区の人たちの素朴な心情がダゴ花に託されているのだろう。

かつて鹿児島では旧暦二月一日を「年取り直し」といった。この日は餅をつき、これをワラットに包んで路傍の木々にかけ、通行人に自由に食べてもらう風習があった、という。

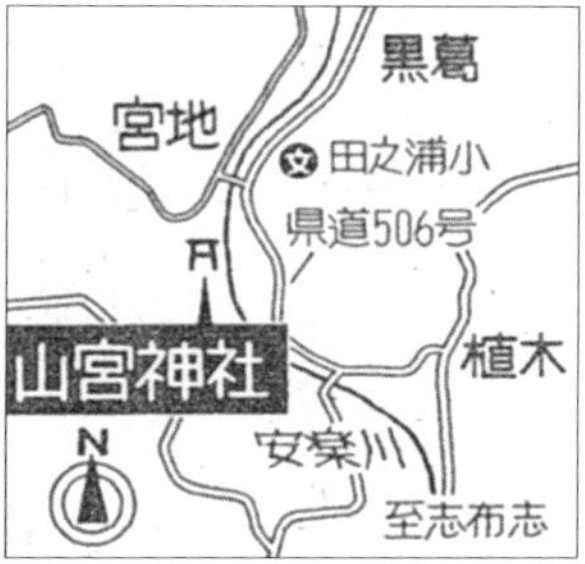

【令和のいま】

毎年二月第一日曜日に開催されている。祭りの内容なども三十四年前と変わらず、神事の後、神舞が披露され、その後ダゴ花配布となっている。（志布志市教委）

9

セッガイ

田代町（現・錦江町）上原

古形残す鬼やらい

爆竹音をとどろかせて燃えさかる「セッガイ」

節分の二月三日夜、肝付郡田代町上原で「セッガイ（節替わり）」と呼ばれる鬼火焚きがあり、夜空を焦がす火柱に、子供も大人も歓声をあげ、一年間の無病息災を祈った。

上原集落（五十戸）は、田代町麓の交差点から南約三キロの県道沿いの盆地に点在する純農村。戦前までは十五二才《にせ》を中心にした子供の行事・セッガイが、毎年節分に行われた。戦後はずっと途絶えていたが、三年前に復活。いまでは親子会の行事としてすっかり定着している。

セッガイの準備は燃料になるニガ竹切りから始まる。一月二十七日の日曜日、田代中三年、柿迫美昭君（一五）ら小学四年以上の子供十人と、父母らが約三キロ離れた竹山に入った。

柿迫君らは父親と一緒にナタやカマで竹を切り、三十本ほどを一束にして一カ所に集める。これをトラック二台でピストン輸送する。一時間以上も燃やし続けるには二百束は必要。子供のいない家庭も総動員しての竹切りは一日たっぷりかかった。

当日夕、セッガイ現場の上原和利さん（四一）の田んぼでは、お父さんたちがヤグラ組みに汗を流していた。田んぼのまん中に主柱になる高さ約十五メートルの杉の木を立て、これを中心に三角《さんかく》錐《すい》に支柱を組む。これに子供たちも一緒に、ニガ竹の束を立てかける。一時間もすると、古代人のデッカイ住居を思わせるヤグラが出来上がった。

一方、お母さんたちは親子会長の柿迫ユキ子さん宅庭でごちそう作り。サトイモや大根などの煮しめやコロッケを大バラ（あじろ編みの大きな平たい竹カゴ）に盛り、大なべには温かいぜんざいがグツグツたぎっている。

西の山脈に夕日が沈むころ、地区民がぞろぞろ田んぼに下り、その数二百余人。昼間はポカポカ陽気だったが、日没ともなると、北西風が肌を刺す。

午後六時半、大工、井手口正頼さん（五六）が、子供たちに節分の話をした後、いよいよ点火。一週間乾燥したニガ竹はパリッ、パリッと音をたてて炎は一気に上にかけのぼり、夜空に真っ赤な火柱が立った。「ウォー」、周りから歓声が上がる。ポン、ポーンと爆竹音が次々、山々にこだまする。「これで悪いもんは、みんなはじき出すとじゃ」と井手口さん。

三十分もたったろうか。北隣の鶴園や平石集落からも火の手が上がる。「あっちに負くんな」。ニガ竹束がまたくべられ、弱まりかけた火勢がまた息をふきかえす。広い水田は、澄みわたった十四夜の下、炎の競演が続く。暖をとりながらぜんざいをする子供たち。お母さんたちのほっぺも真っ赤。この炎のほてりが女性を若返らせる、ともいわれる。

火勢がまた衰えたころ、ニガ竹の差し入れが届いた。竹切りに参加できなかった村人だ。「追加竹じゃ、これで村の心が一つになった」。後ろの方で古老がつぶやいた。全戸が竹束を供出したのだ。今度は、ことし厄年の郵便局員、安楽六士さん（四〇）が「鬼は外、福は内」と豆まき。子供たちは競って豆を拾い合った。この間、お父さんたちは、お母さんたち心づくしの料理を肴《さかな》に焼酎を傾け、にぎやかな酒宴。小組会長の安楽学さん（五〇）によると、この夜、厄年を迎えた人のいる家では縁側から空砲を放つものだった。またセッガイを境に、一斉に田んぼのあぜ焼きが行われた。もうこんな光景は見られない。

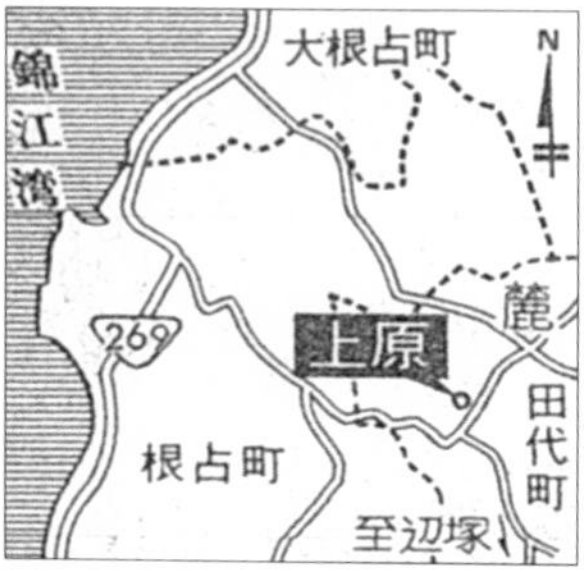

鹿児島の鬼火焚きは一般的に一月六、七日だ。全国的には小正月が主流。田代町の各集落では正月の鬼火焚きの風習はない。

鬼やらいの行事は、もともと大晦日に行われていた。立春を年の改まる日と考える風習の痕跡が全国各地にある。かつて立春が正月だったとすれば、大晦日に当たる節分の夜に鬼やらいをするのは、しごく自然なことかもしれない。

【令和のいま】

子供会が主催していたが、子供が少なくなり二年前に消滅。ただ他の地区では四公民館と三集落で行われている。（錦江町教委）

10 お伊勢講

大浦町（現・南さつま市）大木場

“嫁女”襲うオンケ

鹿児島県内に数ある講のなかで、お伊勢講はもっとも分布圏が広く、女性の民俗行事の代表格だ。とりわけ南薩西岸沿いの大浦、笠沙町では、いまも盛んに行われている。お伊勢講は旧暦一、五、九月の十一日か十六日に行っていたが、この地方では戦後、新暦二月十一日に統一されている。

大浦町中心部の宮園集落のお伊勢講は、伊勢神宮代参者の道中記を舞踊化した「馬方踊り」や婦人総出の優雅な「ホソオドイ（疱瘡踊り）」が演じられることで知られる。まず、ここを訪れてみた。公民館には婦人十数人と男衆五、六人が講の準備に追われていた。だが、心なしか皆沈みがちに見えた。三年前訪れた時と雰囲気が違う。「実は歌や踊りを知っているおばあさんが他界したり、入院中だったりで、ことしは踊りができもはん」と、長老の一人が遠慮がちに声を落とした。

講の古い形をとどめた女の祭りだけに、こちらもあてがはずれてガックリ肩を落とす。気を取り

物陰から飛び出し、ご神幸の邪魔をするオンケたち

直し、それなら、と南東へ約四キロ、大浦の奥座敷の大木場（百四十八戸）に車を走らせた。大木場はかつてコバゾイ（木場ぞうり）の産地。農閑期にはどの家でもぞうりを作り、加世田や枕崎一帯に売りさばくものだった。いまも新暦十二月の初申《はつさる》に催される大山祇《おおやまつみ》神社の山ン神祭りには重さ四十キロもある大ぞうりが奉納されることでも知られる。

近年、講の常宿になっている公民館には、ムラの男衆、婦人衆がぎっしり。持参した重箱を開き、焼酎を酌み交わしながら、にぎやかな講の真っ最中だった。正面にはご神体が入った箱型の厨子《ずし》が安置され、ロウソクの煙が立ちのぼっている。もとはクジ引きで講宿を決めていたが、戦後は一年間、公民館に安置しているという。かつては大木場でも講員の中から代参者を選んで毎年、伊勢参りをした。講員は参拝した代参者をサカムケ（坂迎え）して、そのあと馬方踊りや疱瘡踊りをして代参者の労をねぎらい、家族の無病息災を祈ったという。

ご神体の宿移りが始まった。嫁女といって女装した農業、村田光夫さんに抱かれたご神体の出発だ。すると、東ナツエさん（七七）が、

〽神はお伊勢ノーナーアー
　さあ　めでたい　めでたい

と、声を張り上げた。「神はお伊勢」という、ご神体を送る歌だ。嫁女はワッ（脇）と呼ばれる男衆に護衛されている。ムラの老若男女もカミサカキなどの常緑樹の枝を持ってゾロゾロあとに続く。集落に下る急な石段をおおうビワの木は早くも直径一センチほどの実をいっぱいつけ、おだやかな陽光を浴びている。

ご神幸行列が四つ辻に差し掛かると、物影からヒョットコ面や鬼面などで覆面し、さまざまに仮装した、二人一組のお母さんたちが飛び出した。手に小枝を持ち、石炭カンをガンガン叩き、誰構わず木の枝やササで殴り掛かる。「オンケ」の来襲だ。必死に嫁女とご神体を守るワッ（脇）たち。子供たちも走り回り、歓声と悲鳴、笑い声が交錯する。

一難去っても安心は禁物。ちょっと進むとまた別のオンケ衆が襲うからだ。約三十分のオンケの来襲を切り抜けて、ご神体は無事集落を一巡、公民館に落ち着いた。

オンケは「お迎え」の意味だという。しかし、神を迎えるにしては、ちょっと手荒い歓迎ぶりだ。美醜などの価値観は、神々の世界と人間社会は一八〇度逆転しているという考えがある。そうした認識が大木場の先祖の心にもあったとすれば、知覧町などで行われているカセダウチなどの仮面来訪神への接待と同じように、オンケのいたずらも、神と人間の価値観の逆転現象の具現かもしれない。また伊勢神は女性神なので、同性に遠慮して仮面変装したとも考えられるが、はっきりしない。ともあれ、「伊勢の神さあは荒神さあで、荒っぽいのが好き」というのは、鹿児島県内で共通した認識だ。

【令和のいま】
内容を変えず存在している。オンケ役は着ぐるみのような格好で加わる人が多くなった。オンケ衆は人口減で年々人数は減ってきた。
（南さつま市教委）

11

初午講

高尾野町（現・出水市）下高尾野下

繭ダゴで豊蚕祈る

旧二月の最初の午《うま》の日が初午。全国的にこの日はお稲荷さまの縁日で、愛知県の豊川稲荷や京都・伏見の稲荷神社など各地のお稲荷さんで祭礼が行われる。

鹿児島では、この日が豊蚕祈願の日で、出水、大口地方を中心に新暦二月初午の日（ことしは二月十二日）に、主婦たちが初午ダゴ（だんご）を飾り、初午講を催した。

出水郡高尾野町の下高尾野下地区では同十四日、公民館で初午講を行った。同地区は町中心部の北西部の畑作地帯。七十戸のうち養蚕農家は十二戸で、養蚕農家の夫婦全員が講に加わった。

初午ダゴを飾り、踊りに興じるお母さんたち

初午講に欠かせないのが初午ダゴ。尾崎スナエさん（六四）らは米の粉を出し合い、これで直径五センチほどの繭形をした長円形のダゴを三百個ほど作った。この間、男衆は天井に届くほどの枝ぶりのいいカシの木を山から切ってきた。この葉つきのカシの木の枝々にダゴを刺していく。そのうち枝という枝に白い繭花が咲き、深緑の葉色とのコントラストが美しい。

たわわに実った繭花は、舞台隅の柱にくくりつけられ、初午講の雰囲気を盛り上げる。

主婦たちは料理作りにも駆り出される。ブリのサシミ、タコの酢の物、鶏肉入りの煮しめ、野菜と豆腐のあえもの――と、田舎料理が郷愁を誘う。

昼過ぎには講の準備もすっかり整った。皆が座に着いたころ、来賓の北薩蚕業指導所出水駐在の三浦進さんらも姿を見せ、「いま繭の価格も芳しくないが、優秀品に不景気なしともいわれる。力を合わせて養蚕の安定経営をめざそう」とあいさつした。

出水市郡の桑園面積は百五十ヘクタール（繭生産量百十トン）。うち高尾野町は四十四ヘクタールで、繭三十三トンを生産している。かつて下高尾野下の養蚕農家は四十戸もいたが、今や副業程度。このジリ貧にカツを入れようと県の指導員も連日、町内の初午講に顔を出し、養蚕農家を激励している。素朴な民俗行事の初午講というより、何やら養蚕振興大会といったムードだ。

焼酎が入るにつれ、ようやく講らしい雰囲気が漂い始めた。奥さん方心尽くしの手料理をつつき合いながら、お父さんたちの世間話が続く。この日はポカポカ陽気。すぐ近くの出水市荒崎からはこの日、ツルの北帰行第一陣のニュースも届いた。

間もなくレコードにつられ、尾崎さんら主婦十人がハッピ姿で舞台に登場、「さくら音頭」を踊る。お父さんたちの拍手が続くと、今度は口ヒゲにロイドめがねの仮装で登場、「よか夜なあ」の踊り。ユーモラスなしぐさに爆笑がわく。「昔は初午講本来の地唄があったけど、もう誰も知りません」と尾崎さん。

ひとしきり踊った主婦たちは初午ダゴを枝ごともいで帰る。「こんダゴを食べれば一年中、豊作と家内安全が約束されもんど」と、自己流のハンヤ節を踊って初午ダゴをもぎ取るお父さん。「そん代わり、踊らんとダゴはもらえんぞ」と、記者に踊りを強要する人も現れ、講は最高潮。日ごろ桑園の手入れや害虫駆除に忙しい農家の人たちも、しばしの農休日を楽しんだ。

なぜ馬が養蚕の神なのか、はっきりしない。ただ、馬がカイコに変身した、という伝説が中国にあるという。この伝説と関連があるかどうか確証はない。

かつて出水地方では、出水市にある「蚕の宮」を守護する人たちが蚕の宮のご神体をかついで、四季折々郷内の農家を回り、五穀豊穣と養蚕の豊作を祈った。集落ごとに初午講をするようになったのは明治三十年ごろからだという。近年は講もすっかり衰微しており、所によっては、この日、温泉旅行に出かけるなど「主婦の骨休めの日」としての意識が強まっているケースもある。

【令和のいま】

今も実施している。繭玉に似せた米粉団子を作り、樫《かし》の枝に刺し、踊り歌って繭の多産を祈願している。（出水市教委）

12 二十日ダゴ

樋脇町（現・薩摩川内市）倉野

見物人寄せぬ秘祭

倉野は樋脇町の北端にある純農村。川内川一帯の水田地帯は昔から開けた穀倉地帯だ。川内川が北へU字形に蛇行した小高い深い森に稲穂神社がある。この社で二月二十日、「二十日ダゴ（団子）」とか、「倉野ダゴ」などと呼ばれる春祭りが行われた。

この春祭りは、倉野の十集落が持ち回りで行う。ことしの当番は山口集落（三十戸）。かつて婦女子はもちろん、その年の当番以外は、決して人を寄せつけない秘祭だった。しかし、最近は当番集落のお母さんたちも祭りに加わっている。

山下タヅエさん（六五）もその一人で、「祭りに来っとは、生まれて初めてじゃんさあ」と目を輝かせながら、拝殿横の馬頭観音にカミサカキを供えていた。頭上のヤマツバキの古木には赤い花が満開だ。

午前十時すぎ、山口集落の氏子たちが、ダゴをくるんだワラットを持って鳥居をくぐる。神殿をのぞくと、このダゴと米、野菜などに交じって生きた鶏が供えられている。いけにえだという。深い木立に囲まれた薄暗い境内の足元から川内川の急流がゴーゴーと地響きをたてる。秘祭にふさわしい不気味なムードだ。戦前、学校の先生が、この祭りをのぞき見たため、追いかけられ、崖から転落して大ケガをしたという。

左右にヨロヨロと動き、丸太を山の中に投げる氏子たち

農業、山口辰雄さん（八一）に、取材を申し入れると「さあ、追っかけるか、追っかけないかは、神さあに聞かんにゃわからん」とケロリ。万一の事態にそなえてカメラマンは機材を安全な所に移している。見物人は私たち以外たったの三人だ。

神事のあと、「コーイ、コイ」のはやし声が響くと、拝殿裏から田作いどんに扮《ふん》した農業、中畝地三継さん（五〇）が、クワに見立てたシイの木をかついで、ヨロヨロと境内に現れた。荒縄の腰ヒモをつけてさっそく田打ちのしぐさ。元はここで暦を繰り、ことしの運勢や作柄を占う所作をするものだったが、この場面はもう見られない。五分ほど田打ちした田作いどんは「今日はいっぱい田を打った。ああ疲れた」と退場した。

間もなく、田作いどんはクワで拝殿の壁をドスン、ドッスン突きながら再登場し、また田打ち。進行役の農業、馬場口忠誠さん（六三）との即興の掛け合いに笑っていると、馬場口さんが「東がアゼゴシ（畦壊し）」と声をあげた。すると、田作いどんは耕したばかりのドロ土を握るが早いか、取材中の記者らめがけて投げつけた。「来たぞ！」と一目散に逃げる。だが、追ってはこない。神さあのお許しが出たのだろうか。

三度目の田打ちには、姉さんかぶりの嫁女＝農業、山口久光さん（四二）が昼食のダゴを持参して登場。ダゴを口にする田作いどん。「こんなまずかもんは食えん」と投げ捨ててしまった。そして「一クワには一千貫、二クワには二千貫、三グワには三千貫」と叫んでクワを打ち下ろし、腰に刺したユズリ葉を土に立てて退場した。

このあと、二人一組の男衆が丸太を持って向き合う。神主の合図で左右にヨロヨロと、交互に動き、三度目で一斉に左右の山中に丸太をほうり投げた。ついで神主がモミをまくと、氏子たちは上着のすそを広げ、カアー、カアーとカラスの鳴き声をまねながら拾い合う。最後に境内中央に大きな鏡餅が置かれ、太鼓がドーン、ドン打ち鳴らされた。氏子たちは太鼓が鳴りやむと一斉に餅を奪い合った。

神代の昔、稲穂の神が丸太に乗って川下り中、近くの瀬に乗り上げ、おぼれかかった。それを倉野の漁師が助けた。稲穂の神はお礼にモミ三粒を与えた。これが倉野の稲作の始まりだ、と伝えられている。ともあれ、古風で独特の所作が多い川内市高江町・南方神社の「太郎太郎まつり」や同市水引町・射勝《いすぐる》神社「次郎次郎まつり」と同じユニークな豊作予祝の春祭りではあった。

【令和のいま】

毎年二月二十日に実施されている。女性も見ることができるようになったが、悩みは子供の参加が減少し、参加する男性の高齢化が進んでいることだ。（薩摩川内市教委）

13

カニハワセ

山川町（現・指宿市）岡児ケ水

〝盆景〟飾りヒナ祝い

豪華なヒナ飾りと盆景（手前下）ようのカニハワセに真衣ちゃんの健やかな成長を祈る菱川さん一家

三月節句の三日、指宿郡山川町岡児ケ水《おかちょがみず》で、カニハワセ（蟹這《かには》わせ）と呼ばれ盆景ようの飾り付けをしたヒナジョイエ（雛《ひな》祝い）が、初節句を迎えた長女のいる家々で行われた。

岡児ケ水（五百四十戸）は南薩の景勝地・長崎鼻の付け根に広がる半農半漁のムラ。かつては漁業主体だったが、最近は温暖な気候を生かした蔬菜《そさい》園芸の産地。夏は味で知られる徳光スイカで知られ、いまは春出しニンジンの出荷に追われている。

例年は合同ヒナ祭りを公民館で行っている。しかし「ことしは公民館を改築中で、合同祝いはできないんです」と馬場末吉公民館長（六八）は残念がった。「その代わり、個人の家ではやっていますよ」と、近くの農協職員、菱川光久さん（三五）宅を紹介してくれた。

新築間もない菱川さん宅は、黄色い菜の花のふくいくとした香りにつつまれていた。庭先にはタンポポがかれんな花の輪を描き、一足早く春らんまん。この日の主役で光久さんの長女、真衣ちゃん（生後九カ月）は、母親のなるみさん（三〇）に抱かれて上機嫌。昨年六月三日出生時の体重は三〇〇〇グラムだったが、いまは九四〇〇グラム。「町の優良児にも選ばれたんですよ」となるみさんは目を細めていた。

座敷には、真衣ちゃんのおじいちゃん英二さん（六八）が贈った七段飾りの立派なヒナ飾りが晴れがましい。ヒナ飾りは青竹と杉の葉で作った高さ約五十センチの杉垣で囲っている。このヒナ飾りを囲む杉垣は、他地方ではあまり見かけないもので、ヒナジョヤマ（雛女山《ひな》）という。「竹や杉はまっすぐ伸びるでしょう。それにあやかってスクスク育ってほしい、という親の願いが込められています」と英二さん。前日、親類の野道国治さん（五二）らにも手伝ってもらい仕上げたのだ。

昼前、近くの海岸にミナ（貝）取りにいっていた坂元弘志さん（五〇）が帰ってきた。通称ヨダレミナと呼ばれる巻貝がザルいっぱい。直径六センチほどのでっかいベ貝やヤドカリも交じっている。

英二さんらはさっそくカニハワセ作りにとりかかった。モロブタに浜砂を敷きつめ、杉の葉をちりばめた上に、取ってきたばかりの生きた貝類やヤドカリ、それにイセエビ、ワカメなど種々の海産物を配置する。さらに海産物は杉垣の上にもぎっしり並べる。カニハワセというのにカニの姿はない。エビがこれを代用しているのだろう。「昔はハマグリも飾るもんじゃったが、最近は浜が汚れて、ちっとも取れもはん」。

飾りつけがすむと、親類縁者がヒナ飾りの周りに集まり、真衣ちゃんを中心に「よかヒナジョヤマが出来たどなあ」と、口々に真衣ちゃんに祝いの言葉をかけた。夜は親類や近所の人々が招待され、にぎやかなヒナジョイエが遅くまで続いた。このヒナジョイエは昔から長女の初節句だけするものだという。

宴が終わり、客が帰って元の静けさが戻ると、光久さん、英二さん親子は、ヤマクヤシ（山崩し）といってヒナジョヤマを惜しげもなく崩し始めた。英二さんは「早く片付けないと、真衣が早く嫁に行けんごなっと困ってなあ」と笑った。

ヒナ飾りになぜ、海産物を配した盆景ようのカニハワセを添えるのだろうか。馬場館長らは「長崎鼻には竜宮神社がある。ここは浦島太郎発祥の地ごわんで、乙姫様と関連があるのかも」と首をひねる。

キーワードは「カニ」ではないかと思った。先祖たちが、脱皮を繰り返すカニに生命の永遠性を見たとすれば、女の子の健やかな成長をカニに託した親の心根がジーンと伝わってくる。塩を含んだ浜砂も潮石の霊力と関連がありそうだ。ヒナ飾りの杉垣も盆棚を杉の葉で飾るのと共通するもので、ヒナ祭りにも神霊がこもる所を必要とした残痕とも見える。

【令和のいま】

消滅している。取材した現在の岡児ケ水区長の菱川光久氏宅が最後だったらしい。（指宿市教委）

14 磯餅焼き 里村（現・薩摩川内市）里

海神に豊漁を祈る

三月三日のヒナ祭りの日に、海や山へ遊びに出る風習は、全国的に見られる。特に九州西沿岸地方では、この日「磯遊び」といって、飲食を用意して地区民こぞって浜に出、一日遊び暮らす習俗がある。

甑島の里村では、「磯餅焼き」といって、旧暦正月十六日（十五日説もある）に子供たちが浜辺にカマドを築き、煮炊きして遊ぶ小正月行事が今も行われている。三月節句や盆に屋外で煮炊きする風習は多いが、小正月の門飯《かどめし》の例は珍しい。

ことしは三月七日行われた。郷土史研究家の塩田甚志《ふかし》さん（六二）が「平日なので、子供たちは放課後でないと浜に下りないだろう」と話していたので、午後の船便で島に渡った。が、前線の通過で島影が見え出したころから低く雨雲が垂れ込め、ポツポツ雨音までし始め「中止になるのでは」と心が騒いで落ち着かない。

傘をさして里港に上陸すると、塩田さんが出迎えてくれていた。「あいにくの天気になって、小学生たちは午前中に済ませてしまった。中学生たちは記者さんたちを浜で待っているから、すぐ行きましょう」と車を走らせた。

里港の南端、国民宿舎前の殿崎浜では、すでにあちこちから煙が上がっていた。大小さまざまの玉石を高さ約五十センチ、直径二、三メートルに円形に積み上げて風よけにしている。

竜宮様に豊漁を祈り、磯辺で餅焼きを楽しむ中学生

戦場の堡塁《ほうるい》（とりで）を思わせる風よけが十数個も築かれている。一つの風よけに二、三人ずつの中学生が思い思いに磯餅焼きの準備に追われていた。

同級生で里中一年生の脇田純二君、村岡公孝君、馬場雅己君の三人はもう風よけを築き終わっていた。三人は三方に散り、燃料のマキ集め中だった。燃料はヨイギといって黒潮が運んできた寄り木だ。すっかり準備が整うと、カマドを作り、これにナベ代わりのカワラを乗せる。カワラがほどよく熱せられたころ、土地でキノスと呼ぶダイダイをカワラの上でジューッと絞ると餅などが焦げないという。

脇田君らは餅焼き前に、波打ち際に行き、持参した餅を海へ無言で投げ入れた。案内した塩田さんは、この姿を見ながら「本来は、この動作に唱えがあるんですよ」と声をかけた。その唱えごとは、

〽オーミのジューグーサマ
ミナもトラッシャレ
イオもツラッシャレ
タカジイもトラッシャレ
オイがダンターキ

だという。「海の竜宮様よ　貝も取らせて魚も釣らせて高瀬貝も取らせて　私の背丈の深さ」という意味だという。「この行事そのものが、海の神に豊漁を祈り、願う意味があるんですよ」と塩田さん。

さらに「ダンターキはオンブルイところ。つまり生物が呼吸できないほど水没する深さなんです。これを、人間の背ほどもたくさん海の幸を、と解釈する人もいるが、私はもっと深く重い、何か想像し難い意味がこもっているのでは、と思ってます」と続けた。

お祈りがすむと、中学生らは、この日のために母親が搗いた餅や磯で取ったばかりの松葉貝など焼いて思い思いに食べ合っている。沖は白波が立つ荒天だが、磯は香ばしい匂いでいっぱい。なかにはイワシの丸干しを焼き、お湯を沸かしてカップめんをすする中学生もいる。

おいしいそうな匂いに誘われて松元善宣村教育長や土元昭一郎里中校長ら先生たちも浜に下り「うまそうだな」と声をかけて回る。この日、生徒たちは学期末試験を終えたばかり。生徒ならではの解放感も手伝って、先生たちにもおすそ分け。春の潮騒に包まれ、なごやかな師弟の交流はいつまでも続いた。

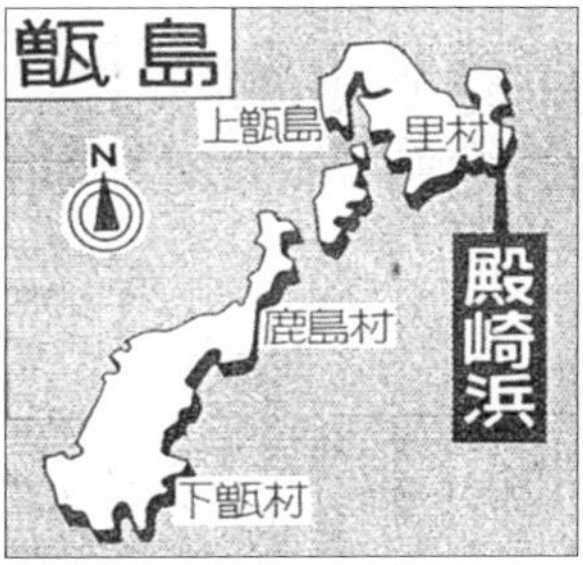

【令和のいま】
いまも小学校の郷土行事として行われている。（薩摩川内市教委）

15 二十三夜待ち
上屋久町（現・屋久島町）楠川

出郷者の安全祈る

「二十三夜待ち」は、主に主婦たちが旧暦正月、五、九月の二十三日に月を拝み、出郷中の大人や

一心に読経、出郷した家族の安全を祈る楠川の人たち

子の安全を祈る民俗行事。特に戦時中は、出征兵士の武運長久を願って鹿児島県内各地で盛んに行われた。しかし、近年は漁村の一部を除いてすっかりすたれてしまった。だが、屋久島では今も集落単位で二十三夜待ちを行っている。上屋久町楠川（百六十四戸）では、旧暦一月二十三日（ことしは新暦三月十四日）と、同九月二十三日の年二回実施している。

講宿の本蓮寺講堂正面には「二十三夜御影」と書かれた勢至菩薩の掛け軸が下がっている。その前に大きな月と日を形どった鏡餅と、多数の丸餅、ツノマキが供えてある。餅の数は一年の日数にちなんで、合わせて三百六十五個。隣のモロブタには米、大豆、アワ、麦などの穀類、地元でセイと呼ぶフジツボ貝などを左右対称に供えている。竹ザサを生けた銚子《ちょうし》もある。中にはシトギと焼酎をまぜたお神酒が入っている。

この供え物をはさんで、トギマチ役の大石浩さん（六二）と藤原敏雄さん（六七）が左右に正座している。トギマチはこの一年間、身内に不幸のなかった（黒不浄のなかった）人から選ばれる。二人はふろに入って身を清め、洗い仕立ての紋付き姿。この日は肥料など不浄なものには絶対に触れなかった。これは、月待ちが単に月の出を拝むという観月会ではなく、精進潔斎を必要とした古いお籠《こも》りであることを示している。

この夜は、低気圧の接近で荒天、月の出などあろうはずもない。それでも二十三夜待ちは欠かさない。「昔から二十三夜の〝おりシケ〟といって、この日は悪天候が多い」と下野満雄区長（六〇）は、雨風も気にしない。雨音に混じってゴーゴーと波の音が窓越しに響く。

「二十三夜待ちは、もともと航海の安全を祈る行事。楠川はこれをずっと続けているので、楠川の船は遭難しないジンクスが今も生きている」。下野区長は、戦後の実例をあげて説明した。そういえば、楠川には二十三夜待ちの功徳を語る言い伝えがある。

昔、イサバ（運搬船）が遭難して、乗員はみな棒切れにしがみつき漂流した。そのなかの一人でメシタキの少年が「今夜は二十三夜で、家では皆が待っておるじゃろ」と祈った。他の船員は無視した。しばらくして少年の近くに、坊さんのような人が小船で現れ、この少年だけを助け出したという。それ以来、みんなが二十三夜待ちをするようになった――と。

午後九時ごろになると、父母三十人が集まり、宮之浦の久本寺住職、渡辺智宗さん（七〇）、智弘さん（三〇）親子の読経が始まった。屋久島は法華宗徒が多く、参会者も時折、太鼓を叩いて読経する。三角フヂノさん（五六）ら主婦六人も島外にいる子どもたちの無病息災を願って一心に祈りをささげた。

読経が終わると、トギマチ以外は足を崩して世間話がはずむ。お母さんたちは、持参したツノマキなどを配り、お父さんたちの接待役だ。アルコールが回るころ、カラオケが持ち込まれ、にぎやかな歌合戦が始まった。この間、トギマチの二人は正座したまま。線香を絶やすまいと祭壇に気を配る。アルコールもご法度の厳しいお籠りだ。

午前零時すぎ、下野区長が「そろそろ月も出るころじゃ」と促す。全員が庭に出て、東の空に向かって合掌。村人や家族、出郷者の安全を祈った。

二十三夜に祀る神仏は、勢至菩薩のほかに、その変化神とされる月天子《がってんし》、月読尊《つくよみのみこと》などがある。これらは近世、仏教や神道と習合したもので、本来は月そのものをご神体としてあがめたに違いない。月は水の支配者だとの認識があり、これが航海の守り神に発展したのが二十三夜待ちの原点と思われる。

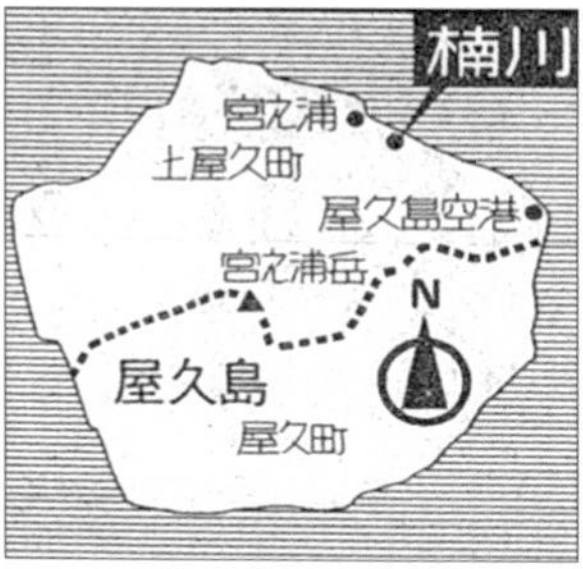

【令和のいま】

年二回、春と秋に行われている。参加者は長時間正座をすることができないため、座椅子を使うこともある。悩みは年々参加者が減少していること。（屋久島町教委）

16

ダゴハタキ

川辺町（現・南九州市）馬立

子らの健康を祈る

子供たちの健やかな成長を願ってダゴづくりに励むお母さんたち

薩摩半島の川辺、日置郡にかけて、主婦の講として広く分布しているのが彼岸講。春の彼岸入りの日に行われ、子供の健やかな成長を願って、ホソンダゴ（疱瘡＝天然痘＝よけのダンゴ）を作ってコッゾメイ（虚空蔵参り）するのが一般的だ。

川辺町馬立の彼岸講は、この日コメをはたいてダゴを作るところから始まる。最近は「ホソダゴハタキ」と呼ばれ、彼岸の中日に行われている。

馬立は、鹿児島市の南西部山中の火の河原《こら》と隣接した八戸で、北に山深い錫山山系、南に熊ケ岳（五九〇メートル）、西は万之瀬川渓谷に囲まれた盆地にある小さな山村。かつては木炭製造がなりわいで、藩制時代は、喜入浜の砂鉄を運んで製鉄業が盛んだった。近年は過疎化が進み、ほとんどが鹿児島市などへ勤めに出ている。

ことしの講宿の小山田優さん（五八）も鹿児島市東開町の製材所に勤めている。この日（三月二十一日）は久しぶりに晴れ渡り、春本番を思わせる日和。昼過ぎ、小山田さん宅を訪れた。小山田さん宅には妻の富士子さん（五三）のほかに、小山田エミ子さん（五六）、清水マスエさん（五九）、小山田正子さん（三八）らお母さんたちがダゴ作りの準備に追われていた。

ふかしたカライモとコメの粉を臼でこねる。薄いウグイス色にこね上がると、バラに移す。そして主婦たちが、赤ちゃんのこぶしほどに切って手際よく丸め、〝鼻つまみ〟といって指で三方を押さえて凸凹をつける。

バラがたちまちダゴでいっぱいになると、馬小屋で沸かしている湯に入れて湯がいていく。ホソンカンサア（疱瘡除けの神）に供え、子供たちにも食べさせるダゴも作る。このダゴは、コメの粉だけで作り、大きさも大人の小指半分ぐらいの大きさだ。

ダゴをこねた臼やキネはすぐ洗ってはいけないという。コメの粉や練ったカライモが付いたまま、一晩そのままにする。臼は夜が明けるまで動かしてはいけない。臼やキネを洗い、動かすと、子供たちのホウソウが身体中に広がり、悪化するのだという。

午後五時前にダゴ作りはすんだ。お母さんたちは子供と連れだって、田んぼにあるホソンカンサア参りへ。あぜ道を通ると、四方からウグイスの鳴き声がさえ渡る。「ウグイスの初音はいつもセッガワイ（節替わり＝節分）じゃっどなあ」と優さん。山々にミノハナと呼ばれるアオモジの花がいま満開。薄いウグイス色のアオモジの花は「春の彼岸花」ともいわれ、彼岸の墓を飾る。通りすがりの民家にはヒメツバキや雪柳が春をうたっている。

十分ほどでホソンカンサアに着いた。直径約一・五メートル、高さ約五十センチの土まんじゅう形の塚状のもの。たぶんコッゾ（虚空蔵）だろうが、地区ではホソンカンサアで通っている。お母さんたちは、ヤツデの葉にくるんだホソダゴと焼酎を供える。小山田洋貴ちゃん（四つ）が近くの土手からレンゲの花を摘んできて、そのそばに添えた。小山田悦子ちゃん（九つ）ら五人の子供たちは塚に合掌したあと、お母さんたちからホソダゴ三つをもらっておいしそうに食べた。「たとえホソにかかっても、ホソが三つ出る程度に軽いように、との願いがあるのです」とエミ子さん。

夜は、家族ぐるみで優さん宅に集まって、にぎやかな彼岸講。一品ずつ持ち寄った料理を賞味しながら楽しい春夜の宴だ。優さんは「小さい時ホソ歌を聞いたことがある。確か〝ホソは三つで軽いと、軽いと〟じゃった」と記憶の糸をたぐっていた。かつてはホソ踊りも演じられたであろう。恐ろしい天然痘は地球上からほぼ消えた。しかし、子供たちの健康を講に託した馬立の人たちの心根は、いまも昔も変わらない。

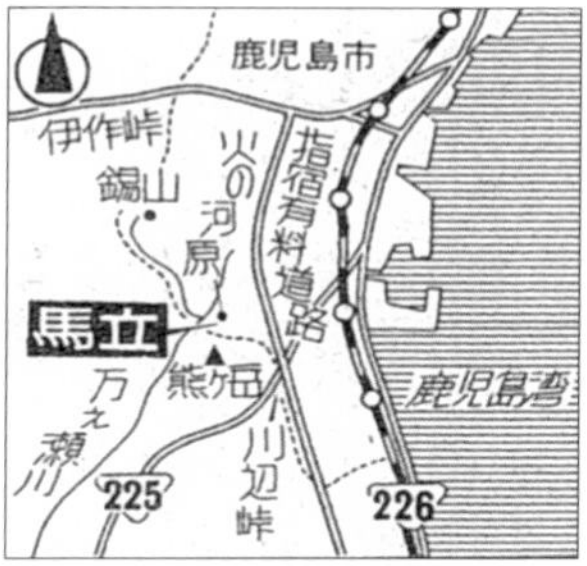

【令和のいま】
伝承されず。詳細不明。（南九州市教委）

17

ウムケ

大和村今里

テルコ神迎え、遊ぶ

奄美では古来、男尊女卑の観念は比較的に薄い。ノロ（祝女）が祭事をつかさどり、一般の女性も「オナリ神」として自分のエーリ（兄弟）を守護する神としてあがめられている。

奄美にはナルコ・テルコと呼ばれる他界観がある。海のかなたの理想郷からテルコ神、ナルコ神を迎えるためのノロたちの神事が「ウムケ」（神迎え祭り）だ。大島本島の大和村今里では、旧暦二月初癸《はつみずのと》（ことしは新暦で三月二十五日）に行われた。

名瀬市から東シナ海沿いに岬と深い入り江を幾度となくくねる。沖の立神が波に洗われている今里まで車で一時間二十分もかかった。ここは大和村の最南端。山一つ越えると枝手久島の東燃石油基地問題で揺れた焼内湾だ。今里はかつてカツオ漁業が盛んで、最盛

海のかなたからテルコ神を迎え、「ユリムアシビ」をするノロたち

期は三百戸もあったが、今は百戸足らず、大島紬で細々と暮らしている。

防風林のフクギに囲まれた民家からは、単調なオサの音が漏れる。道々に人影はない。海岸に下ると、老女二、三人が堤防に座し、いつまでも沖をながめていた。

宇検村に通じる畑の端にある十平方メートルほどのバラック風の建物がトネヤだ。ノロの神事はここで行う。四畳半ほどの狭い拝殿中央に、親ノロの坂元かつえさん（六〇）が正座、周りにイガミの中里ケイさん（七八）ら九人が座している。皆、白はちまきにシルギン（白い神衣）姿。首にガラス玉、ジュズ玉の首飾りをかけ、扇を手にしている。神扇の表には太陽を中心に鳳凰《ほうおう》、裏は月と牡丹の花が色鮮やかに描かれている。親ノロの両側に居るはずのノロの補佐役のウエワキ、シャーワキの姿がない。二人とも鹿児島に居を移したためだという。イガミはヒキ（血族集団）の代表で、エトが合う者だけが選ばれる。このほか、男性神職であるグジもいたが、亡くなったあとの後任は決まっていない。

坂元さんの長い祈りが始まった。シマグチ（方言）で読経とも祝詞とも一味違う祈りだ。大和村の民俗調査を続けている国学院大学の桜井満教授や学生たちが、一言も聴き漏らすまい、と耳をそばたてている。坂元さんの口からはイサナギ、イザナミ、アマテラスなどの神々の名が唱えられるかと思うと、アミダや権現、菩薩……と、八百万の神々やホトケが登場した。そして「一年間かばってクリンショリ（下さい）神様、トウトウ」と三拍一礼してお祈りする。

祈りが終わると、坂元さんを皮切りに、山の神のナリガネというドラ状の鉦《かね》と、テルコ神のナリガネ（ともに直径約二十五センチ）をたたき回す。それぞれの神を呼ぶのだという。次に小鼓の音に合わせ、ノロ、イガミが次々立ち「六調」の踊りを舞う。いよいよ浜下り。供え物をのせた高膳《こうぜん》が先頭だ。ススキの葉を結んだものを打ち振るイガミたちは、決められた神道《かみみち》を「アナノフェー、アナノフェー」とお祓いの言葉を唱えながら海岸に向かう。

海岸では坂元さんがテルコの神を迎える唱えごとをし、皆合掌して海のかなたを拝む。そして全員、ミキというお神酒を回し飲む。このあとが今里独特の「ユリムアシビ（寄り物遊び）」だ。サワラなど海辺に寄ってくる海の幸をユリムという。これを取るさまを演じる模擬遊戯だ。ノロとイガミが手をつないで網に擬し、魚に扮して、逃げまどうイガミを囲んで追い込むのだ。ノロやイガミのシルギンが浜風に揺れ、歓声が潮騒に吸い込まれる。初夏の浜辺でくり広げられる女の白いシルエットは、見る者を南島の中世に引き込む。迎えられたテルコ神は親ノロの家に招かれ、旧四月初癸《はつみずのと》の「オーホリ」（神送り）まで、人々と同居し、ムラの豊穣と豊漁を約束するのである。

【令和のいま】

ノロの高齢の後継者らの理解が得られず、二〇一三（平成二十五）年六月に長い歴史が終わる。数人のノロが移住したことも絶えた原因。

（大和村教委）

18

オンダンコラ

垂水市水之上

白山参りの名残

鹿児島では旧暦三月四日や同十日に、タケメイ（嶽参り）やオカノボイ（丘登り）といって、集落近くの霊山に登り参拝する風習がある。特に山の多い大隅半島や屋久島、北薩が盛んだ。

垂水地方の人々は、いまも新暦四月四日に、ハッサンメイ（白山参り）といって、高隈山系の白山（八二七メートル）山頂にある白山神社に若い男女が参る。かつて老人や女子供たちは、本城川の河原で青年たちを「坂迎え」し、歌舞飲食して春の一日を楽しむものだった。この河原の地名が「オンダンコラ」で、今では祭りそのものをオンダンコラと呼んでいる。

地名のオンダンコラは河川改修で消えたため、八年前から本城、高城、新御堂の三つの集落でつくっている三和センター広場で行っている。

露店が立ち並び、親子連れでにぎわうオンダンコラ。後方が白山神社のある白山峰

垂水フェリーふ頭から猿ケ城方向へ五分ほど車を走らせると、道路横に祭りノボリがはためき、ボリュームいっぱいの拡声機が歌謡曲を流していた。オンダンコラの会場だ。綿アメや焼きイカ、おもちゃなどを売る露店約六十店が軒を並べ、家族連れが肩をすぼめて行き交い、縁日ムードいっぱい。その奥は春の草花を売る植木市や農機具展示会場。体育館では日舞や子供たちの鼓笛隊演奏、カラオケ大会もあり、坂迎えというより、今では産業祭といった雰囲気だ。

ただ会場の片隅で弁当を開いている数組の家族連れに昔日の坂迎えの面影を垣間見る。近くの水道工事業、古田弘信さん(二七)一家もその一組。「オンダンコラがくると、春らんまんを実感します。十代のころは、二時間も歩いて白山参りをよくしたものです」。オンダンコラは春本番を告げる垂水随一の春祭りで、子供たちが最も楽しみにする日でもあるのだ。

垂水の白山神社は、応永年間（一三九四―一四二七年）に下大隅の地頭・伊地知氏が加賀の白山神社の分神を祀ったのがはじまりだといい、以来、五百年以上もタケメイの伝統が続いている。水之上校区の郷土史研究会長の牧元蔵吉さん（七三）によると、この日青年たちは早暁に登り始め、夜明けとともに白山神社に参拝した。そして近くに群生していたアケボノツツジ（これを嶽花と呼んだ）の枝を折って、みやげに持ち帰るものだった。「最近はツツジも全滅して、この風習を知る人も少ない」と牧元さんは昔をなつかしんでいた。

このハクサンメイは白山信仰に由来しているが、参拝後、嶽花を坂迎えする村人のみやげにする風習は民俗学的に注目される。しかも、それが田仕事の前に行われる点は興味深い。

鹿児島の農民は古来、山の神が春に里へ下りてきて田の神になると信じてきた。だとすると、白山の山の神を、嶽花を依り代に里に迎え、田の神として祀って豊作を約束してもらうための行事ではないかとも考えられる。

オンダンコラという地名も興味をそそられる。「老若男女が河原で坂迎えするので女男河原の意味だ」との記録もある。だが、地名のオンダンコラ一帯は昔、白山神社の神田があったという。一般に「男女」とはいっても「女男」とはいわないので「御田河原」がなまってオンダンコラに変じたと見るのが妥当だろう。

白山神社まで足をのばした。猿ケ城渓谷沿いに林道をぬい、高隈山系の尾根伝いに車で約一時間。さらに雑木林を約十五分登る。かなりの急坂だが、キイチゴやヤマツバキの素朴な花をめでながらしばしの森林浴だ。

朝方はハイキングを兼ねた家族連れの参拝客でにぎわった山頂の社は、もう人影はない。山頂に立つと、パッと視界が開け、薩摩、大隅半島の雄大なパノラマが展開する。眼下は垂水市街地。ビニールハウスが春の日にキラキラ反射してまばゆいばかりだ。その中に、オンダンコラでにぎわう会場の祭りノボリが豆粒ほどに揺れて見える。こんなに険しく遠い山だから、代参者をたてざるを得なかったのだろう。

【令和のいま】

今も連綿と続いて開催されている。ただ開催日が四月四日と決まって開催されていたが、できるだけ市民の参加ができるよう四月第一日曜日に変更されている。また、途絶えていた「タケメイ（白山参り）」も復活できないかを模索している。（垂水市教委）

19

赤米まつり

南種子町茎永

社人が素朴な舞

南種子町は文明流入の窓口の一つだ。竹崎海岸の宇宙センターは、日本の宇宙への窓口であり、中世には鉄砲も伝来した。それよりずっと昔、この地で赤米の栽培が始まったといわれ、今も同町茎永の宝満神社神田で栽培されている。稲作伝来の地の可能性もある。

赤米は、普通のジャポニカ型の白米より、多少粒が細長く、むしろインディカ型を思わせる品種。茎が長く、茎永という地名もこれに由来するともいわれている。この赤米は東南アジアで今も作られており、日本人と稲作のルーツを探る手掛かりになる、と注目されているからだ。

「赤米まつり」と呼ばれる宝満神社のお田植え祭りは四月五日、古式ゆかしく行われた。

神社の北側には二百ヘクタールの水田が広がっている。その南端に「御田の森」がある。高さ三・五メートル、周囲七十五メートルの土まんじゅう型。松やソテツ、トベラなど照葉樹が密生して、普段はだれも立ち入れない聖地だ。この丘の頂にハマガシの古木があり、その根元にテーブルサンゴがあって祭壇になっている。

地区の代表約二十人が、ソテツの葉陰の斜面にぬかずくと、神事が始まり、この森に田の神の降臨を願う。そして供えていた赤米の苗をホイドン（神官）が氏子総代の岩坪香さん（五六）に手渡す。苗はさらに竹原岑生区長（五〇）の手元へ。

いよいよお田植えだ。まずオセマチという神田（約一・八アール）に、白装束の岩坪さんら十二人が入り、手植えが始まった。あぜ道では雨田新七さん（八三）が、弟の新一さん（七八）の打つ太鼓に合わせて「田植え歌」を歌う。

舟田で赤米の苗を持つ、素朴な「赤米の舞」を披露する社人夫婦

〽峰の若松下がり枝
飛びつくばかり思えども

他人の妻など目で見てしめて
おきやれ　エイトナー　エイトナー

単調で素朴な調べ。ゲロゲロとそこかしこからカエルの合唱が響く。山々の新緑が目にまぶしい。お田植えのあとは、お田の森前の「舟田」で社人《しゃじん》（神社に奉仕する神職の総称）の岩下弥一さん（七一）とシヅヱさん（七一）夫妻の「赤米の舞」だ。社人は神田の維持管理をまかされている。舟田は、宝満神社の祭神・玉依姫が種子島に上陸した時、乗った舟をかたどったといわれる小さな天水田だ。白装束姿の岩下さん夫婦は、両手に赤米の苗を持って舟田に入り、雨田さん兄弟の太鼓、田植え歌に合わせて舞う。両手を前に上げ下げしたり、回したりする単調な舞。足はトントンと田を踏みしめ、かつての足耕を思わせるしぐさだ。単純素朴な社人の舞は、芸能の起源をほうふつとさせる。稲のルーツに関心があり、民放テレビの取材陣の一人としてやってきた落語家の古今亭志ん朝師匠も、興味深げに祭りの一部始終を見学していた。

最後はマブリという直会《なおらい》。舟田の横にむしろを敷き、社人の岩下さんが赤米で作った甘酒を振舞う。見物人を含めた約五十人は、シャニンの葉でくるんだ赤米のにぎりめし、ツワブキやトビウオなどの煮しめに舌つづみを打ちながら、古老の歌う「めでた節」や「大踊りの歌」に耳を傾けた。

日本の稲の伝播《でんぱ》ルートに三つの説がある。一つは中国江南―朝鮮半島―九州説、二つ目が江南―九州の直接ルート説、もう一つは柳田國男が指摘した琉球弧の島伝いコース。しかし、現在では前者の二コース説が有力だ。

日本で現存する赤米は、茎永と対馬南端の豆酘《つつ》の神田だけ。種子島、対馬とも黒潮洗う位置にある。赤米に限っていえば、この黒潮伝播説も捨てがたい。

一足早い白南風《しらばえ》（六月ごろに吹く南西風）を思わせる風に吹かれ、赤みがかったおにぎりをほおばり、しばし稲の歴史のロマンに酔った。

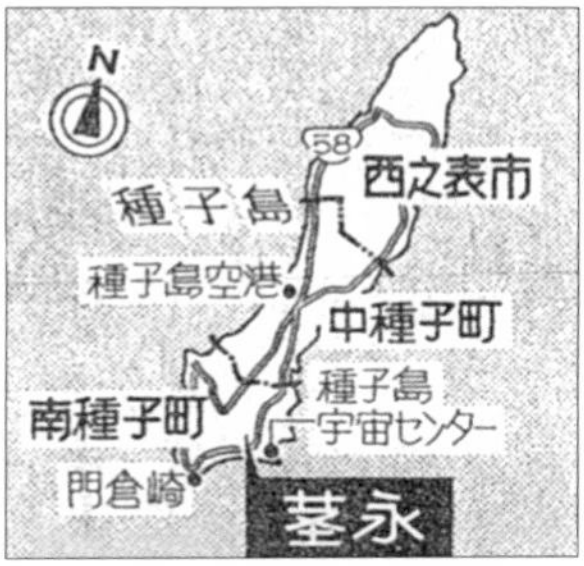

【令和のいま】

存続している。田植えは氏子総代だけでなく茎永小の児童が参加している。お田植え舞の踊り手は以前は「社人夫婦」であったが、現在は社人がいないため、総代長夫妻らが行っている。（南種子町教委）

20 田の神戻し

祁答院町（現・薩摩川内市）藺牟田

子宝願い新婚宅へ

美しく化粧した田の神さあが、花かごに揺られて田園をゆく――薩摩郡祁答院町藺牟田で四月十日、のどかな「田の神戻し」が二カ所で行われた。田の神戻しは一年間、新婚の家で暮らした田

お母さんたちにかつがれ、〝新居〟に引っ越す田の神さあ

の神さあが、この日、次の新婚家庭に宿直りする行事だ。

麓地区の田の神さあはこの一年間、麓東の郵便局員米沢勝美さん（三六）宅で過ごした。

そしてこの日、藺牟田池畔のいこいの村職員押領司洋さん（三五）、久子さん（二七）宅へ移り住むのだ。

米沢さん宅では、昼すぎから田の神さあを送り出す準備が始まった。それまで床の間に鎮座した田の神さあは庭に運ばれ、青年たちの手で白粉《おしろい》や口紅を塗られ、きれいにお化粧される。化粧がすむと、小豆入りの餅をくるんだワラット、焼酎入りの竹筒を背負わされた。ワラットと竹筒は、集落の数だけ十一対だ。そしてモウソウ竹製のかごに乗せられる。竹かごの周囲は桜や菜の花、ヤマブキなど色とりどりの春の花で飾られ、美しく晴れがましい。

この間、田の神さあの分身になる水道工事業、矢野喜久男さん（三七）らは、互いに顔にヘグロをなすり、紅をひく。真っ黒に塗ったりサイケデリックな模様入りなど個性豊かな化粧ぶり。さらに派手な女物じゅばんに黒ばかまを着る。麦ワラ帽子をかぶった上に、すっぽりタオルでほおかぶりして次々と田の神さあに変身していく。

プォー、プォーとホラ貝が吹き鳴らされると、田の神さあの旅だちだ。十三人の分身たちは、長さ一メートルほどの大メシゲとヘノコ棒を持って田の神さあの周りを踊り回る。ひとしきり舞って青年二人にかつがれた田の神さあを先頭に宿だち。レンゲ畑にさしかかると、田に入り、田の神さあを囲んでまた舞う。青年たちにまじって是枝大覚ちゃん（六つ）もかわいらしい身ぶり手ぶり。歌は「おせろが山の……」と棒踊りのそれだが、踊りはヘノコ棒を下から上へすくい上げるような単純素朴なものだ。

一行は麓公民館に立ち寄る。館ではこの日総会があり、地区民は焼酎を飲みながら田の神さあ一行を待つ。ここでまた舞う。公民館を後に田んぼの続く道を新宿元のある藺牟田池に向かう。ちょうど下校中の児童とかち合う。すると、分身たちはヘグロをたっぷり塗り込んだヘノコ棒を子供たちの顔にすり込む。坊野裕二君（一一）＝藺牟田小六年＝らは真っ黒な姿になって大喜び。分身たちは行きずりの車も止め、誰構うことなしにヘグロを塗る。キャーキャー逃げまどう娘たちにも容赦なくヘグロ攻勢。ヘグロを塗られると子宝に恵まれるという。

途中、田の神さあは軽トラに乗せられ池に着いた。新宿元の押領司さん宅では「田の神さあが池にきたのは、二百年の歴史で初めてじゃ」と地区民が集まり、田の神の到着を待っていた。春の日が西の山に傾いた午後五時、待望の田の神さあが旅装を解いた。分身たちは押領司さん夫妻めがけて、ヘグロをべっとり塗る。それでも喜色満面の夫妻は「確かに受け取りました。子づくりにも励みます」と、一行にお礼を述べ、あとはにぎやかな酒宴となった。

一方、新屋敷（二十四戸）では大場信男さん（七八）宅から枝元三男さん（七〇）宅へと宿移り。田の神さあは、高さ約三十センチと一回り小型。彩り鮮やかな花かごの中、あずき餅の甑笠《こしきがさ》をかぶり、同じ餅の座ぶとんに座している。

そして二宮キミさん（六八）、枝元市子さん（五八）にかつがれてユラリ、ユラリと新宿元へ。女性がかつぐのは珍しい。田の神の分身たちは年老いた男たちだ。田の神さあの行列は県道を横切り、春の日を背に受けながら竹林をぬって〝新居〟に落ち着いた。

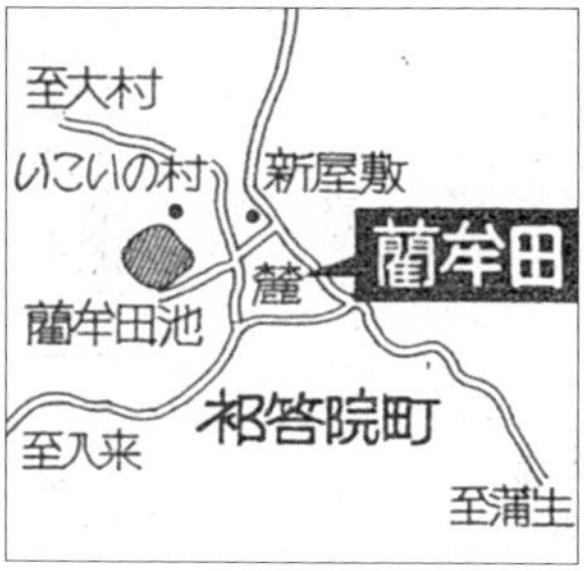

【令和のいま】

存続している。麓地区は準備を簡素化している。中原地区は以前と変わらない。悩みは、踊る場所である新婚さん宅が少なくなっていること。（薩摩川内市教委）

21 三月節句の磯遊び

舟浮かし
三島村黒島大里

三島村黒島の大里では、旧暦三月節句に子供たちが模型の舟を浮かべて遊ぶ「舟浮かし」行事が行われている。

四月二十日、村営船「みしま」に揺られて黒島大里港に入港したのは、鹿児島港をたって七時間後だった。汽笛に促され甲板に出ると、大名竹に覆われた山々が海岸にせまる。突堤が延び、十数人の島民が船を囲んでいた。

白木の箱を抱えた少年が上陸、出迎えの人とともに続く長い坂道をのぼって行く。急病人が出、ヘリコプターで鹿児島市の病院に運んだが、時すでに遅く、無言の帰島になったという。のっけから離島苦の一面を思い知らされた。

三月節句は二十三日にあたるが、この不幸で、どの家庭も節句の餅は船の入港までに搗き終わっていた。そんな事情もあって「舟浮かし」もこの日の夕方に繰り上げた。

世話役の日高重行さん（三五）がさっそく子供たちに召集をかけた。間もなく日高直人ちゃん（七つ）、上村健太ちゃん（五つ）ら四人が、ひとかかえもある薩摩型和舟やトロール船の模型四隻を抱えて集まった。そして元庄屋屋敷に行ってあいさつ。日高タツ子さん（四九）から、白い丸餅と

餅を積んだ舟を浮かべて遊ぶ黒島の子ら

ヨモギ餅を舟に乗せてもらい、子供たちは大里小・中学校下の浦浜に向かった。

道すがら村人が「おっ、舟浮かしか。よか舟じゃね」と声をかける。日高康雄郵便局長（五一）は「昔は舟浮かしも盛んじゃった。子供はみんな舟の豪華さ、速さを競ったものだ」と、少なくなった舟数にさびしそう。この舟は、父親が毎年、この日のために息子に作ってやるのが習わしだった。父親が忙しい家はじいさんが腕を振るうものだったが、今はもう作る親もいなく、新造船は一隻もない。今はプラスチックの模型が島でも幅を利かすご時世だ。

舟を浮かべる場所は谷川の川尻で、あらかじめ重行さんが川をせき止め、小さなよどみが出来ていた。直人ちゃんらはさっそくここに舟を浮かべて大はしゃぎだ。間もなく、小学生らも川に下りてきた。

十数羽のツバメが、風をはらんで水面を滑る帆船の上を、横に縦にと飛び交う。黒島では冷雨が降り続く「ナタネ梅雨」を「ツバメ殺し」と呼ぶ。「ことしは四月初旬に冷雨が続き、道端でツバメの死骸をたくさん見た」と重行さん。そういえば、学校近くの路傍に、たどたどしい字で「ツバメのはか」と書いた墓標を見かけ、やさしい島っ子たちの心を感じたばかりだ。

大きな丸石がゴロゴロした荒々しい磯では、貝拾いにいそしむ主婦の姿が見える。重行さんの母親ミヱさん（六四）が少女時代までは、この日、女の子は父親から木彫りの皿を作ってもらい、これに餅をいただいた。そして磯で「ご飯たきのけいこ」をして遊ぶものだった。いわゆる三月節句の「磯遊び」だ。

一般的に三月節句は女の節句といわれるのに、男の子の「舟浮かし」があるのはなぜだろう。三月節句にひな人形を飾ってひな祭りをするのは、もともと上流社会の風習。庶民にまで普及したのは江戸時代以降だという。

庶民社会では、この日、家に居ると災難にあうと信じられ、老若男女こぞって海や山に行って飲食、一日を過ごした。だからこの日は元来、女の節句というよりも、海や山でけがれを落とす清浄の日であったようだ。

そこで黒島でも子供たちの磯遊びとして、男の子の舟浮かしや女の子の「磯かまど」が行われたのだろう。ちなみに、甑島の南部でもこの日、舟を浮かべて遊ぶ風習があった。

【令和のいま】

いまは見られない。おそらく記事が掲載された二、三年後の港湾工事で、この潮だまりがなくなったのを機会にこの行事も途絶えたらしい。なお、三島村の二〇一九年カレンダー四月のモノクロ写

真は、南日本新聞社提供の写真を載せている。(三島村教委)

22

コマトイ

喜入町(現・鹿児島市)生見

"神の化身"が馬追い

旧五月節句の子供の民俗行事の中に、他県では例が見られない鹿児島独特のものがある。コマトイ(駒取り)とかオロマエ(苙《おろ》馬追い)、あるいはオロゴメ(苙駒)と呼ばれる馬追いの模擬行事だ。「苙」とは馬などを飼育する囲いのことだ。

戦前までは鹿児島湾沿いや薩摩半島西岸沿いの集落で盛んに行われていた。近年は急激に衰退しているが、喜入町と指宿市の一部では新暦五月五日に、垂水市柊原では同六月五日に今も行っている。喜入町生見のコマトイを見てみよう。

午前八時、十四歳を頭に三十五人の子供たちが生見小学校に集合した。以前は十四二才《にせ》がリーダーになって男児だけ、上半身裸で参加していたという。近年は児童減で女児も加え、服装はジャージー姿が大半。運営も子ども会育成会長で畜産業、西信一さん（三八）ら親たちが取りしきっている。

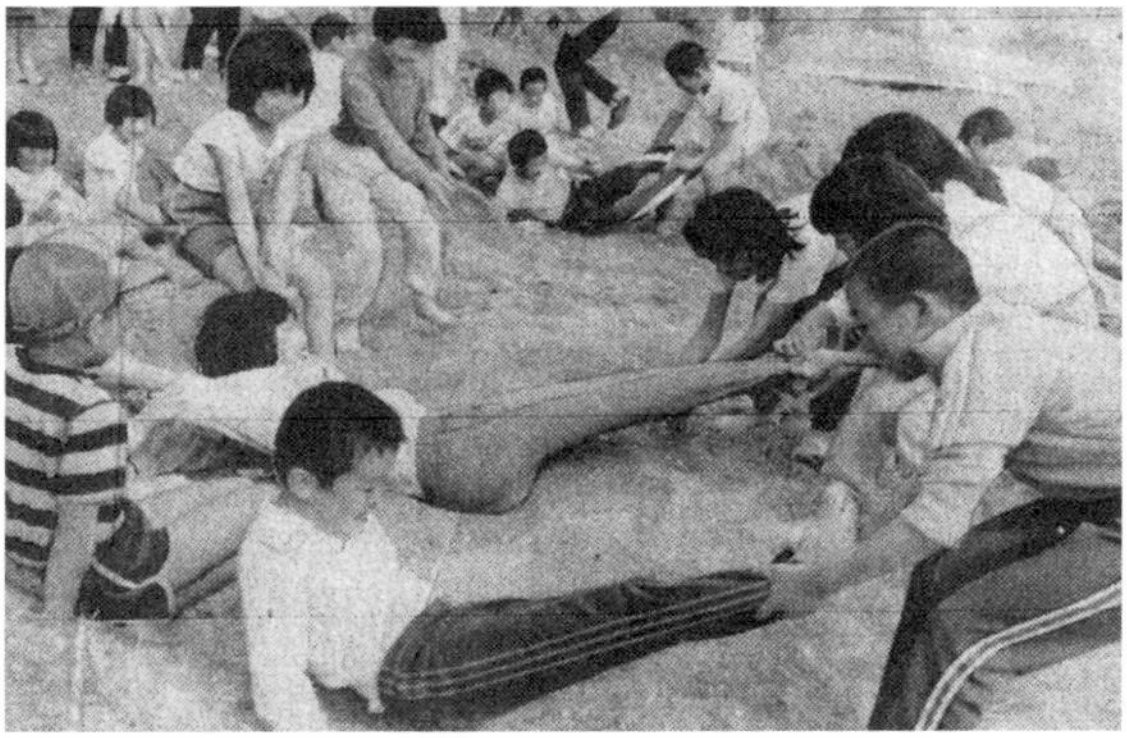

〝若駒〟をオロの外に出そうと足を引っぱる子供たち

行事の開始を告げるホラ貝の音色も今は消えた。「さあ、あぜ道をマラソンだ」と西会長が促すと、低学年から順次スタート、学校横の田んぼ道を一巡、そのまま生見海水浴場に駆け込んだ。

浜辺にはオロに見立てた直径約八メートル、深さ約三十センチの丸い穴が掘ってある。その中央には土盛りがしてあり、先頭で駆け込んだ子供が、この土盛りの小山を四方に崩してコマトイが始まった。

子供たちはオロの中で馬役と馬の捕獲役の二手に分かれる。捕獲側の子供たちは歓声をあげて〝馬〟の群れに襲いかかり、〝馬〟の足を引っ張ってオロの外に連れだそうとする。〝馬〟は、足をばたつかせて抵抗、逃げまどう。

オロの周りでは親たちが「キバレ」「引き抜かれるな」とヤンヤの声援。

競技は交代に何度も行う。中学生が馬役の小学生に蹴られる場面もあり、爆笑の連続。「いくら蹴られても、この日だけは文句が言えないんです」と役場職員の米倉秀哉さん（四〇）。そばではこいのぼりが五月の浜風を腹いっぱい吸って勢いよく泳いでいる。このあと、相撲大会になったが、米倉さんは「私たちの時代はオロももっと深く、動きも激しかった。コマトイが終わるとそのまま海に飛び込み、初泳ぎするものでした」と、少年時代を懐かしんでいた。

かつて鹿児島では、日ごろ馬は山野に放牧していた。この馬を四、五月ごろに捕らえ、馬耕などの農作業に使ったり、二歳駒は飼育して売り買いするものだったという。馬を捕獲する場所が土塁を築いた丸いオロだった。子供たちがこの馬捕獲を模擬したのがコマトイだ。生見の子供たちがマラソンといって野を駆け、オロに集合するのは、馬が牧山からオロに追い立てられた様子を表現しているのだろう。

子供が大人の仕事をまねて遊戯化することはよくある。だが、単なる模擬だけで五月の節句行事としてなぜ、くりかえされているのだろうか、素朴な疑問がわく。民俗学研究家の小野重朗さんは、吹上町に残る「自御牧内馬追図」という絵巻から、その理由を解明している。

その絵巻には、紙シベで作った腰ミノ風のものをつけ、裸の稚児たちが苙《おろ》の中で馬を捕らえる光景などが描かれている。小野さんは「なぜ危険を冒してまで稚児に馬追いをさせるか」に注目している。そして「子供たちは神として行動しているのだろう。放牧している馬は山のもの、神のものである。それを神自身の手で捕らえ、人々に渡し、農耕用に使うことを許可することを示しているのではなかろうか」と推論している。

万物は神のものであり、人間はそれを授けいただいて生活の糧に供する——この行事には、自然の恵みに感謝し、謙虚な気持ちでその恩恵にあずかる、いにしえ人の心情が隠されている。

【令和のいま】

現在は生見校区の田貫集落でのみ行っているようだ。なお、馬追い関連の史跡として二〇一五（平成二十七）年に市観光農業公園グリーンファーム内の「喜入牧の跡」を市文化財（史跡）に指定している。（鹿児島市教委）

23

チロイ倒し

有明町（現・志布志市）押切

道化役が山クヤシ

志布志湾沿いの集落では、かつて旧暦五月十六日に、端午《たんご》の節句に飾ったノボリ旗をヤマクヤシ

ヤマクヤシをする道化役の〝夫婦〟

（山崩し）する「チロイ倒し」が盛んだったが、この風習もほとんどすたれた。だが、有明町押切や通山では、いまも長男の初節句を迎える家はこの伝統を守っている。

この春、長男洋平ちゃんが誕生した同町押切、漁業、稲森藤一郎さん（二三）宅では、五月六日にこの行事をにぎやかに祝い、洋平ちゃんの健やかな成長を祈った。

稲森さん宅の広い庭には高さ約二十メートルのモウソウ竹が立てられ、四方に張られたヒモには大小さまざまのコイのぼりが勢いよく五月晴れの空に泳いでいる。その数二十五匹、祝いに親類、知人から贈られたものだという。午後三時すぎ、三味、太鼓、それに藤一郎さんが陣取る。そこに山仕事姿に男装した八久保チエさん（七二）が生きたニワトリと焼酎、コメをかついで祝いにやってきた。そこで藤一郎さんはソロバンをはじいて見せ「こいでヤマクヤシしっくれんどかい」と相談をもちかける。ソロバンをのぞいた八久保さん「ンニャ、そいは安か」と親方どんに応戦する。その商談のかけ合いがユーモラスで、見物人も大笑い。

ようやく商談が成立すると、八久保さんは大ノコとナタをかつぎ、オッカン役の甲斐崎ツルさん

（六二）を伴って再登場。二人の漫談がしばらく続いたあと、いよいよヤマクヤシ。「こりゃ、太かヤマじゃ。はめつけてきばらんなら」と、三味、太鼓にはやされてノコとナタでヤマクヤシのしぐさをする。三味、太鼓は、

〽一寸坊が出た出た　またも出た
　よんべえも出たが　またも出た

と「ハンヤ節」のリズムではやしたてる。青空に泳ぐコイのぼりの下は、乳白色のオウチの木の花がまぶしい、庭先には紫色のルピナスの花群れが華を競っている。

ヤマクヤシといってもコイのぼりそのものを倒すのではない。そのそばに小さなマゴイ一匹をつるした竹があり、これと埋めていたタケノコを引き抜くだけだ。

ヤマクヤシが終わると、二人はその周りを踊りながら退場。代わって六人の婦人が登場してにぎやかに踊りまくる。最後に洋平ちゃんを抱っこして踊り、初節句を祝った。この間、男衆は座敷で飲食しながらこのこっけいな即興劇を楽しんだ。

他の地方では見られない節句行事。「チロイ」という言葉も初耳だ。すると、祝田実樹さん（八一）が「五十年前までは、コイのぼりがまだ珍しい存在で、祝いにはチロイを贈るものじゃった」と語ってくれた。五月節句にコイのぼりを立てる風習は、比較的新しい習慣なのだ。チロイというのは、

七夕の短冊をつなぎ合わせたノボリで、以前はこれを節句祝いに贈るのが一般的風習で、このチロイをいまのコイのぼりのように立てて飾っていた。これを壊すから「チロイ倒し」と呼ぶのだろう。

山川町岡児ケ水の「カニハワセ」で紹介したように、三月節句にもヤマを作り、これを壊す習俗が、鹿児島の各地でみられる。三月、五月の節句に、きれいに飾り立てたヤマを、しかも他人の手を借りてまでなぜ壊すのだろう。その意味を探っていけば、節句の由来がわかるかもしれない。

そこで三月節句や五月節句に飾るヤマは、民俗学的にみれば、神の降臨する場所、すなわち「依り代」だとみていい。ここに神を迎え、祝いまつるのだが、一方、人々の心の奥には、この神は一刻も早く引き揚げてもらいたい、という心情がある。神の宿るヤマに家人が直接手を下すには気が引けるので、他人の手でこれを壊し、神に退場願ったのではあるまいか。

節句は単に子供の成長を願い、祝うだけでなく、原初的には季節の節目にやってくる訪問神を迎え、そして退散してもらう行事だった可能性もある。

【令和のいま】

「通山ちろい倒し保存会」によって現在も伝えられている。近年、個人宅でのチロイ倒し披露はほとんどされなくなり、二〇一七（平成二十九）年五月が最後だったようだ。（志布志市教委）

24 ひな女まつり

阿久根市佐潟

長女おぶい踊る

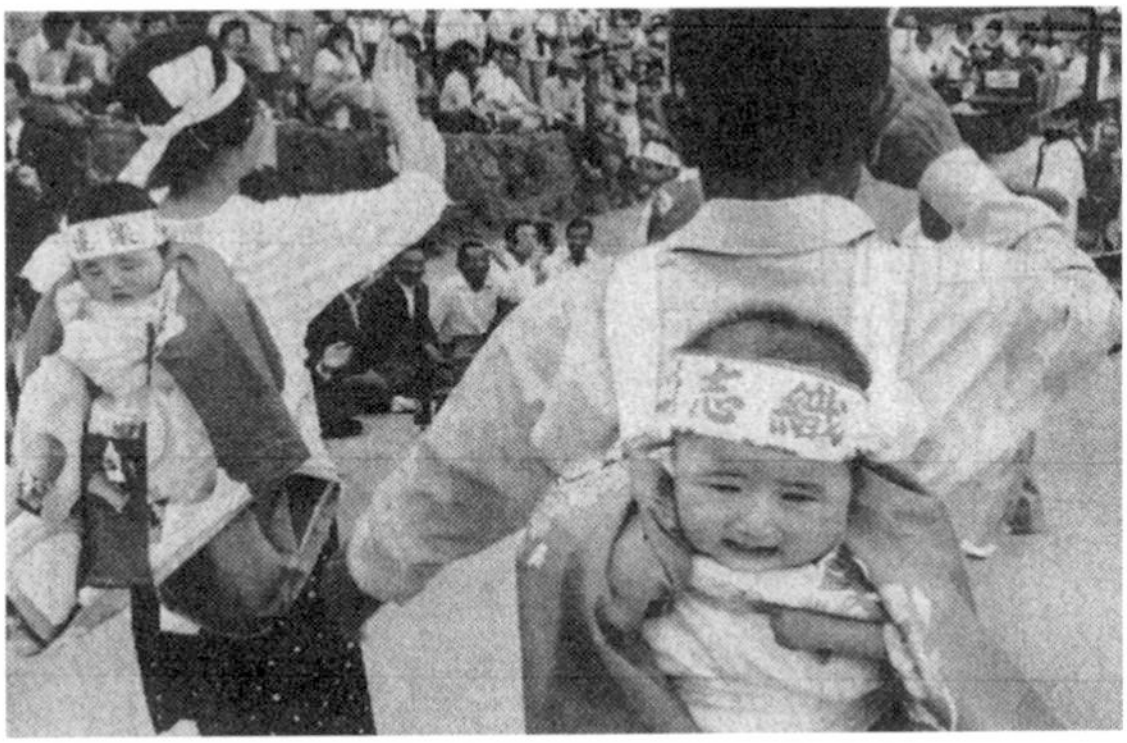

「こげなヨカオゴじゃ」とひな女を背負って踊りまくる家族たち

五月二十七日（旧暦四月八日）、阿久根市佐潟で、この一年間に生まれた長女を地区ぐるみで祝う「ひな女まつり」が行われた。

佐潟（百九十戸）は古い浦浜で、ウニ漁や伊勢エビの磯建て網漁などで知られる漁村。川尻の漁協前広場の拡声機からは歌謡曲がボリュームいっぱい流れ「ハレの日」を盛り上げていた。このにぎわいに浮き足だった村人がぞろぞろ海岸に下り、午後二時すぎには三百人にもふくれ上がった。

川尻の広場にはゴザが敷かれ、男衆がその縁にコの字型に座し、酒盛りを始めた。正面はキレイどころ十数人。威勢のいいバチさばきが響くと、いよいよ「ひな女」の晴れ舞台だ。ことしのひな女は、冨吉富彦さん（二四）の長女淳美ちゃんら地元三人のほか、東京の冨吉豊さん（三七）の長女真理安ちゃんら市外在住の出身者三人を含めた六人で、例年になくにぎやか。

ひな女たちは晴れ着に薄化粧をし、自分の名前を染め抜いた鉢巻き姿。「阿久根ハンヤ節」の軽快なリズムに浮かれて冨吉ユリさん（五七）が、かわいい孫娘の真代ちゃんを背中合わせにおんぶした姿で中央に進み、左回りに踊りまくって村人にお披露目する。ひな女を最初に背負って踊るのは父方の祖母ときまっており、他の五人のひな女もおばあちゃんに背負われて後に続く。

ひとしきり踊りまくったら今度は母方の祖母、次いで祖父、母親、父親、親族……と入り代わり立ち代わりで二時間近くの踊りの饗宴。観衆からは「むぞかひな女じゃ」「三国一の花ムコどんに恵まるっど」とヤンヤの声援が飛び、宴は最高潮。だが、主役のひな女たちは長時間の踊りでグロッキー気味。ウトウト寝込む者、泣き出す者も。すると「泣き顔がムゾカ！」と声がとぶなど、ひな女には手荒い受難の日。その後、各家庭でも盛大なひな女祝いが深夜まで続き、ひな女の健やかな成長を祝った。

長男誕生を祝う風習は多いが、長女の出生を地区ぐるみで祝う民俗は、県内に例がない。福田重則さん（六七）は「どんな理由で、いつごろから始まった行事であるか、記録がないのではっきりしない。ただ佐潟は昔から女が少なく、女性を大事にする風潮がある。養子が多いのでも知られています」と語ってくれた。そういえば佐潟には、会員三十人ほどの「養子講」が今も続いていると聞いた。

なぜ背中合わせに背負ってお披露目するのだろうか。地区民は「みんなに顔がよく見えるように背中合わせに背負う」と異口同音に語る。しかし、学習院女子短大の吉野裕子講師は「午月《うま》（五月）の中に潜む〝さからう〟意味の表出」とみている。つまり、旧暦五月は夏至を境に日脚が短くなり、陰陽五行では「逆」「陰」の軌だとして「その自然の流れに人間の方も積極的に促す。その呪術がほかならぬひな女まつりだ」と論じている。だが吉野氏は、ひな女まつりを「旧暦五月五日」として論を展開するミスをおかしており、この説には賛同しかねる。実際の祭り日は昔から旧四月八日と決まっているからだ。

祭り日がシャカ誕生の日と一致することから「花まつり」との関連を説く地区民もいる。しかし、祭りを注意深く観察しても仏教的色彩は感じられない。全国的にこの日は、山登りや海岸に出て遊ぶ習俗があり、佐渇もむしろ「浜下り」の色あいが濃い。

そこで頭をかすめたのが、琉球や奄美のウナリ（姉妹）神信仰。南島ではウナリにはエーリ（兄弟）を守護する呪力があると信じ、兄弟姉妹の結びつきは今も深い。特にウナリ神は航海安全にかかわりがある。女性を大事にする佐渇の人たちの心情は、黒潮の流れをはさんで南島世界とつながっているかもしれない。

【令和のいま】

いまも存続し、毎年旧暦の四月八日（お釈迦様の誕生日）に実施。二〇一九（令和元）年は五月

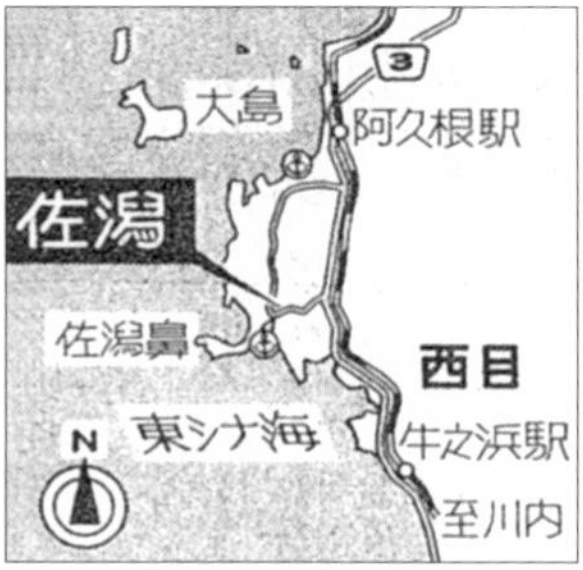

十二日に実施した。ひな女の対象が「長男の娘（長女）」であることが原則であったが、少子化の影響で、佐潟地区出身者であれば、長男以外の兄弟の娘（長女）も対象とするようになった。（阿久根市教委）

25

ガラガラ舟

坊津町（現・南さつま市）泊

「海の男」へ成長願う

前々回の「チロイ倒し」（有明町）でも触れたように、鹿児島で五月節句にコイのぼりを立てて祝う風習は、ごく最近のことである。

坊津町では大正年間まで「コイのぼりを立てると大風が吹く」と思われていたほどだ。そこで同町では、コイのぼりの代わりに、親の贈った船の模型を浜で引いて男児が遊ぶ「ガラガラ舟」がある。同町泊では、この節句遊びが九玉神社の祭礼に組み込まれ、今も月遅れ（ことしは六月二日実施）で行われた。

　ガラガラ舟は、三枚の板を巧みに組み合わせた長さ約三十センチの薩摩型和船の模型。これに帆柱を立て、鮮やかなあや錦の帆が張られ、舟底には四つの木製ハマ（輪）が付いている。男児

母に手を引かれ、ガラガラ舟を引いて巡幸する稚児たち

が生まれると、父親や祖父がこのガラガラ舟を作るものだったが、いまは町内で市販しており、手作りは少ない。昔は七、五、三歳の男児がこの日、舟を引くものだったが、現在では未就学児全員が参加している。
　この日はあいにくの雨。泊の入り江も雨雲が低くたれ込め、冷雨がそぼ降っていた。それでも昼すぎには、母親に手を引かれた稚児《ちご》二十人が泊橋たもとに集まった。母親の美奈子さん（三二）に手を引かれた江藤大輔ちゃんらは浴衣姿。小学校の兄さんたちが打つ「坊津太鼓」に先導されて、いよいよ岬にある九玉神社まで巡幸だ。
　ドン、ドドーンと太鼓が進む。その後にガラガラ舟を引く稚児たちが続く。ガラ、ガラと道路を滑る舟車の音が一斉に響く。この擬音から「ガラガラ舟」の名が付いた、といわれるが、現在では「唐カラ船祭り」と宣伝されて

いる。遣唐使ゆかりの港なので「唐」との関連を強調したい心情がにじむ。だが、この歴史的な由来は疑問。三月と五月節句に子供たちが舟を浮かべて遊ぶ風習は、薩摩半島から南の島々にかけ広く行われていたからだ。

稚児に引かれたガラガラ舟の行列は、初夏の風を帆いっぱいに受けて進む。よく見ると、この帆綱には色とりどりのサルの子がいっぱい付いており、舟を引くたびに左右、上下に大きく揺れ、踊っている。

このサルの子にはこんな言い伝えがある。

ある時、あらしにあった船が転覆しそうになった。その時どこからともなくサルが現れて帆綱をスルスルと登っていき、帆を下ろして船の危難を救った――と。

また「サルの子のように、元気に育ってほしい」との親の願望を表しているともいう。「立派なたくましい海の男になれ」の願いを込めて、わが子に舟を作ってやる父。母は愛する息子の健康と幸せを祈って、せっせとサルの子作りにいそしむ――海に生きる坊津の親たちの子に託す夢と願いが、ガラガラ舟には込められている。

雨はいっこうにやまない。水をたっぷり含んで、より色鮮やかさを放つあや錦の帆に、密貿易港で栄えた坊津商人の栄華をしのぶ。ずぶぬれの稚児たちが引く舟は、異国の文化が浸み、かすかに薫る海沿いの〝歴史の道〟をガラ、ガラと滑って岬の社をめざす。

境内では小学生のお姉さんたち四十人が「奴《やっこ》踊り」で稚児たちを祝福する。水玉のはちまきに黒単衣《ひとえ》、赤だすき、黄色い帯とカラフルな衣装。

〽高い山からナッコラセ
　谷底みればトンコセ　トンコセ

の歌に合わせ、スローテンポで優雅に舞う姿は、「奄美ドンドン節」や「国分どけ踊り」などと同類で、古い盆踊りの型をとどめている。

このあと数人の稚児たちは泊浜で、ガラガラ舟を引き回し、遊んでいた。家に帰ると、坊津特有のちまき「唐人まき」が待っている。

【令和のいま】
少子化で舟を引く子供は少なくなったが、実施している。子ども祭りの神事の後「カメイネ踊り」「奴踊り」の披露や餅投げも行われている。（南さつま市教委）

26

トビウオ招き

上屋久町（現・屋久島町）永田

女の呪力で豊漁願う

「大漁の夢よもう一度」の願いを込め、ささ竹を振りトビウオを招く主婦たち

初夏になると、黒潮に乗って種子屋久近海にトビウオの大群が押し寄せてくる。このトビウオがたくさんとれるように、上屋久町永田のお母さんたちが六月十日、海辺で「トビウオ招き」をした。

永田地区（百十戸）は屋久島の北西岸の黒潮洗う集落。永田川の清流がムラを二分し、上流を仰ぐと、永田岳（一八八六メートル）が望まれる。九州最高峰の宮之浦岳（一九三五メートル）、黒味岳（一八三一メートル）と合わせて「三岳」と呼ぶが、島を取り巻く集落で三岳の一つが見えるのは永田だけである。三岳を分水嶺に海に注ぐ永田川の河口にエビス神社があり、「トビウオ招き」はこの近くの浜で行われた。

招き手は婦人会長の大塚タツさん（五一）ら七人。

踊り衣装に豆絞りのはちまき、赤だすき姿で、頂にすげ笠と紅白の吹き流しをつけた長さ約三メートルのささ竹を持ち、渚に一列に並んだ。後ろには二十数人の歌い手が座っている。

〽岬観音崎鳥が舞う　それも
トビウオや　やっとサマよ
見ておじゃれ　アア
ベッタイ　ベッタイ

太鼓のリズムに乗って婦人たちの歌が流れると、招き手は海に向かってゆっくりささ竹を上下させる。招き手の足元に白波が寄せては返す。キラキラ光る水平線に口永良部の島影がうっすら見える。

岬観音崎は永田の南にある灯台崎。「そこでカツオドリが舞っているが、実はトビウオの群れだ。さあ、殿方よ見なされ、たくさんいるではないか」という意味の歌だ。

かつてこの時期になると、トビウオの大群が産卵のため永田の浦に押し寄せた。産卵を始めると、海一面が乳白色に濁る。産卵を終えたトビウオは、方向性を失いながらも外海に出ようとする。そこをイッジョハイという二隻一組のトビウオ伝馬船で網をかけ、一網打尽したのだという。一日で数万匹もとれた。岩川ナツさん（八四）は「私の娘時代は、一日で六万匹もとれたよ。私も手伝いして十三円もらった。カコ（水夫）はその五倍もろうた。魚を干す場所がなくて、どの屋根も干し魚であふれ、まるで魚で屋根をふいたようじゃった」と、トビウオ景気にわいた昔日をなつかしんでいた。

ささ竹につるされたすげ笠は魚をすくうタモの象徴、紅白の吹き流しは大漁の時、船に掲げるものだという。これを前後に振り「寄ってこい、寄ってこい」と唱える招き手の所作は、同じ黒潮洗う奄美大島（竜郷町秋名）の「平瀬マンカイ」をほうふつさせる。マンカイは琉球舞踊の影響で、手指の動きが微妙で優雅。永田の招きは単純で素朴だが、いずれも女性の持つ呪力で豊漁・豊穣を招き寄せている所作にかわりはない。下野敏見鹿児島大学教授によると、台湾の属島・紅頭嶼《こうとうしょ》にもアリバンバン（トビウオ）とりの始まる三月、浜辺の船に乗って「この島に必ずアリバンバンをつけてください」と歌う、パヌヌヴという儀式がある。黒潮は紅頭嶼を洗い、やがて屋久島近海に達する。トビウオ招きは黒潮文化の一つなのだろうか。

永田の台所を潤していた〝寄り魚（トビウオ）〟は昭和四十五、六年を境に、なぜかその魚影を全く見せなくなった。「潮流が変わったためだろうか」と公民館長の日高清教さん（六八）はため息をついた。

不漁とともに、毎年四月八日に必ず行っていたトビウオ招きも途絶えていた。この日は久しぶりの永田の漁村民俗の〝めざめ〟だった。日高さんや大塚さんは「これを機会に、ふるさとの貴重な民俗文化を保存する手だてを考えたい」と語った。

この日もお母さんたちの呪力は通じず、永田の浦にトビウオの姿はなかった。同じ日、島の東南にある安房漁港ではことし一番のトビウオ大漁にわいていたのに——。

【令和のいま】

トビウオ漁の不振により現在、浜での実施は途絶えた。ただ婦人会活動として運動会などの行事などで実施している。（屋久島町教委）

27

クモ合戦

加治木町（現・霧島市）

"女の死闘"に息のむ

一本の棒の上で長い脚を絡ませ、死闘をくり返すクモ。勝負にかたずをのむ血走った目——六月十六日、クモ合戦の町・加治木町はクモ・フィーバーで沸いた。

町の中心部にある町福祉センターがクモたちの戦場。人々は、この日のために手塩にかけたヤマコッ（コガネグモ）をビクに入れ、ナタネガラや木の枝に絡ませて自信満々やってくる。

合戦に出場できるのは体長二十ミリもあるメスだけ。オスはわずか五ミリほどで、交尾後はメス

横棒の上で展開される熾烈なクモの戦いに、かたずをのむ子供たち

に食われてしまう運命なのだ。けんかに強いクモは、脚が太くて長く、尻はマムシの頭のように角ばっていて、三本の黄色い線に斑点《はんてん》が多い。そんなクモを求めてクモキッゲ（クモ狂い）たちは、合戦の一カ月前から県内各地の山野をかけ巡る。

昨年、少年の部で優勝した久保文則君＝加治木町錦江小三年＝も指宿や鹿屋で採取したクモ五匹を持ってきた。毎日、好物のバッタやカナブンを与えた最強軍団。「ことしも優勝を」と連覇を胸に、目はランラン。一人三匹の出場制限があるため、大会前から〝選手選考〟に懸命だ。ことしの出場者は大人の部三十三人、少年の部三十九人。大人の部には吹上町など町外参加者も多い。少年の部には女の子も出場している。

ホール正面の大人の部に続いて、後方でも少年の部が始まった。土俵は長さ五十センチほどのヒモシと呼ぶ横棒。勝ち抜き戦で、三勝グモが王将戦への出場権を獲得できる。久保君のクモは三番目に出場した。審判長の立山恒広さん（五六）が、先勝グモをヒモシの先端にセットした。これが「かまえ」。さらにヒモシの途中に久保君のクモを乗せる。これを「しかけ」という。

いよいよ戦闘開始。〝土俵〟の下の久保君の目がクモに集中する。勝負を見守る子供たちの目も輝いている。だが、久保君のクモは動く気配がない。立山さんが手で戦いを促す。

「かまえ」が先に飛びかかってきた。両者長い脚を絡ませて取っ組み合いだ。周囲から「ケン（クモの糸）をかん切れ」「負くんな」の声援が飛ぶ。数秒後、絡み合ったクモの一つが長いケンを垂れた。

その瞬間「勝負あった」と立山さん。素人目には、どのクモが勝ったのか、判別できないが、立山さんは久保君の敗戦を宣告した。

勝負の判定は①相手のクモのドン（後背じり）に平たいクモの糸をかける②ドンにかみつく③相手を振り落とす④糸を垂れて横竹からぶら下がったものの糸を切って落とす――などのクモが勝ちだ。「残念」、久保君はガックリ肩を落とし、くちびるをかんでいた。

加治木では、かつて旧暦五月五日になると、朝早くから町の辻々で、集落ごとにクモ合戦が行われていたという。その起源について「三百六十余年前、島津義弘公が朝鮮出兵の陣中で、兵士の士気を鼓舞するためクモを戦わせた」といわれ、大会でもこの故事を執ように放送していた。

だが、もっとグローバルな民俗文化の伝播《でんぱ》の視点も必要だろう。クモの民俗研究を続けている川名興千葉県総合教育センター指導主事と斉藤慎一郎東京蜘蛛《くも》学会員は、クモを戦わせる習俗が琉球弧から西日本一帯の海岸部に点在していると報告、「黒潮が伝えた漁村民俗で、何らかの卜占《ぼくせん》行事だ」とみている。つまり、クモの勝ち負けで豊不漁を占う習俗が浦々にかつてあった、というのだ。

沖縄では、漁民がクモの巣を見て投げ網を考えついたと語られている。かつてクモを漁業神とする心情が漁村にはあったのだろう。

ところが、小野重朗さんはクモ合戦の民俗について「この行事は水神の祭りであり、水神のクモを迎えまつる行事であるといってよい」と『かごしま民俗散歩』で書いている。なぜクモが水神なのか私には分からない。クモを戦わすことによって神意を知る神占いであったのだろうか――。


【令和のいま】

出場者は連載時より倍増している。しかし、自然環境の変化等により、クモが激減しているため、大会約一週間前に役員がマイクロバスで小学生約五十人を引率して大隅方面へクモ採集を実施している。（霧島市教委）

28 お田植え祭
隼人町（現・霧島市）鹿児島神宮

〝聖女〟らが手植え

瑞穂の国の歴史は「米の歴史」「米の争奪の歴史」でもある。米は時として貨幣と同質の扱いを受け、藩制時代には武士のランク付けを示す呼称にもなった。田植え日は単なる労働だけでなく、信仰と芸能と労働がミックスした重要な祭り日でもある。隼人町の鹿児島神宮お田植え祭を訪ねた。

お田植え祭は旧暦五月五日。現在はその前後の日曜日に実施しており、ことしは六月二十三日に行われた。じっとしていても汗がふき出す蒸し暑い日だった。本宮祭は午前十一時。境内では桜島町松浦の郷土民芸保存会四十人が棒踊りを奉納、祭りムードを盛り上げた。

手植えを初体験する早乙女たち

午後一時、神宮下の神田で斎田祭。三アールほどの神田あぜ道には紅白ののぼりがはためき、御幣がぐるりと張り巡らされている。その奥に像高八十三センチの田の神さあが鎮座している。大きなシキをかぶり、顔は翁面に似て幅広く、アゴヒゲを蓄え、くくりハカマをはいている。右手にメシゲをかつぎ、左手には飯わんを持つ典型的な田の神舞型石像。天明元（一七八一）年の銘がある県指定民俗文化財だ。

この田の神さあの前で神官の今林和民さん（三四）が田の神舞。シキや面、服装は田の神さあと全く同じだ。

〽朝夕に物食うごとに豊受けの
　神の恵みを思え世の人　世の人（後歌）

と歌いながらメシゲを振り、相撲のシコを踏むような格好ではや足で地面を踏みしめて舞う。そのたびに面の間から汗が飛び散る。今林さんはさらに神田に入り、小さな平グワで田耕し、代かきの模擬芸を披露して立ち去った。

さあ、早男《さおとこ》、早乙女《さおとめ》の出番だ。隣町の加治木町木田の真喜屋めぐみさん（一二）＝錦江小六年＝ら六十人が神田中央に二列に対面して並び、トド（田人）組の「田植え歌」に合わせて田植えが始まった。

〽水もユラユラ　田もユラユラ
その田の稲が畦《あぜ》にユラユラ
ハーハーハーハナーアーノーホーホ

あぜ道から木田の青壮年たちの歌声が朗々と響く。そのリズムに合わせ、すげがさや赤だすきが上下に揺れ、みずみずしい早苗の波が見る間に広がっていく。その上をシオカラトンボが飛び交う。

同神社の早男、早乙女やトド組は木田の人たちが受け持つのが習わしだ。神田を管理したのが古来、木田の人たちだからだという。現在は国分・始良郡内の農協から選抜された人たちも動員されてはいるが、その主役はあくまでも木田郷の人たち。拝殿の大提灯二個も、この日だけは木田青年団が奉納したものを下げる。

あぜ道から流れる力強い田植え歌は、田植え作業を指揮しているかに見える。だが、田作業の機械化が進んだ今日、早男、早乙女の手植えは、おせじにも上手とはいえない。もたつく作業にあぜ道から指南の声が幾度となく飛ぶ。初めて田に入った、という白瀬陽子さん（一三）＝加治木中二年＝は「ヌルッとした泥の感触がイヤ、ミミズが出るのでは、と気持ち悪い」と、顔をしかめたほどだ。

早乙女はケガレのない未婚の女性、と決まっている。早乙女の「サ」は皐月の「サ」と同じで古来、聖なる田の神そのものを指す言葉だったらしい。

締めくくりは新緑まぶしい境内でのトド組奉納。吹き流しや高張り提灯を押し立て、五組のトド組が、

〽神の田なれど　お田植えなれば
清めの雨がざらいばらい

と田種え歌を歌い、豊作を祈った。『隼人町郷土史』によると、一八七一（明治四）年に八百八組のトド組が夜を徹して出場、若い男女でにぎわった。未婚の男女にとって、この日は待ちに待った社交の一日でもあった。

【令和のいま】

変わっていない。しかし、「田植え唄」の歌い手が不足。カラオケ大会を合同で開くなど工夫をして担い手の人数確保を行っている。（霧島市教委）

29

水車カラクリ

知覧町（現・南九州市）豊玉姫神社

微妙な動作に感嘆

ゆらめく灯ろうの海、うごめく人波――六月灯は、鹿児島の夏の夜を彩る風物詩。旧暦六月（いまは新暦七月）、鹿児島県内の神社や仏寺、小さな堂祠のどこかで毎夜、献灯の火が揺れ、子供たちの歓声がこだまする。六月灯には、子供の心をひきつけ、大人には幼い日の郷愁をよびさます不思議な魅力がある。九日、知覧町下郡の豊玉姫神社を訪ねた。

この日は前線の通過で、時折激しいにわか雨が降る不安定な天気。知覧地方も夕方、通り雨に洗われたが、夕暮れ時には雨もやんでいた。薄暮の中、青年が参道の灯ろうにマッチで火をつけて回っている。そのそばを浴衣がけの子供たちが親に手を引かれ、境内に吸い込まれていく。にぶいろうそくの明かりに浮きたつシルエットは、単調な電灯の灯にない柔らかさと温かさが感じられる。

精巧なカラクリ人形の動きに見とれる子供たち

鳥居横の用水路に水車の朱色の羽がバシャ、バシャ流れをはじいており、その横に小屋がけがある。これがことし国の無形民俗文化財に準じる「無形民俗文化財・選択」に指定された「水車カラクリ人形」だ。久しく途絶えていたが、唯一の伝承者である一級建築士、清藤友衛さん(九三)らが復活させたものだ。

表へ回ってみる。舞台前は早くも親子連れで黒山の人だかり。ことしの出し物は「八岐大蛇《やまたのおろち》」。この二年間「桃太郎」「浦島太郎」と昔話が続いたので、ことしは神話に素材を求め、八十五万円をかけ、一カ月半がかりで製作した力作だ。

たて約四メートル、横約三メートルの舞台は、出雲の山奥の風景。そこでは八つの頭を持った竜がカッと目をかき開き、上下、左右とのた打ち回っている。血走った目を点滅させ、真っ赤な長い舌を出し入れする恐ろしい形相の竜。そこへスサノオノミコトが現れ、一刀両断に退治する一巡五分間の物語展開だ。

舞台にもたれ息をのんで、くねる竜頭や人形の動きに見とれる子供たち。田畑正子ちゃん（八つ）は「どうして竜の首が動くの」と不思議そう。母親のスミ子さん（三五）も「年々、精巧になっていますね。ことしは特に迫力があるわ」と、その場にクギづけになっていた。

この水車カラクリ、鹿児島県内にはここ知覧と加世田市竹田神社にしかない。しかも知覧のものは、構造が複雑で精巧。清藤さんらは、これを設計図なしで「腕と勘だけで仕上げる」。カラクリ人形は、知覧デク（大工）たちの科学心と技術の高さの象徴でもあるのだ。

露店街をくぐり、拝殿に進むと、高さ約二メートルの巨大な回り灯ろうが下がっている。母子連れが「どうして回るのかしら」といぶかっていると、灯ろうの後ろから製作者の江平兄弟《しげと》さん（六五）がヌッと顔を出し「ろうそくの熱の上昇気流で回るのじゃ」と説明していた。三カ月近くかけて製作したという。ここにも一人知覧デクがいた。

さて、鹿児島ではなぜ六月灯が盛んなのだろう。そのルーツは、島津十九代藩主光久が、上山寺新照院観音堂を造立して仏まいりしたとき、多くの灯ろうを献灯したことに由来する――と一般に言われている。

その史実があって、その後盛んになったのだろう。だが、六月灯の起源はもっと古い民間信仰にあるのではなかろうか。梅雨から真夏に向かう旧暦六月は、田に害虫が発生し、人や牛馬の疫病が流行する季節でもある。そこで、民俗学研究家の小野重朗さんは、指宿市東方玉利にあった「六月のオツメアゲ（お灯明上げ）」の習俗に注目している。それは病気や虫害の難を逃れるよう、油火をともして神に願かけした、といい「これこそ、まさに六月灯の前身を示しているに違いない」と類推している。

【令和のいま】
現在も存続。保存会はあるが、手作りで個人の技能に頼っているため、後継者育成が課題。（南九州市教委）

30

アラホバナ

名瀬市（現・奄美市）大熊町

稲の実入りを祈る

稲穂を持ち、豊かな実りを稲魂さまに祈る親ノロの重田さん（右側）

新嘗祭《にいなめさい》という宮廷儀礼がある。十一月二十三日に、天皇がその年の新穀を神に供え、自ら食べる祭りだ。奄美では、この新嘗祭の原型を思わせる庶民の行事がある。時期は旧暦六月、日取りは集落によって違う。稲穂を三本抜き取って母屋のオモテに天井からつり下げる「シキョマ」（笠利町赤木名）、新モミをむいて一粒ずつ家族に食べさせる「イニクレ」（宇検村田検）、新米粒を古米に混ぜて炊く「ウチキヘイ」（瀬戸内町嘉鉄）と、呼び名も様式もさまざまだ。

これらが家々の祭りなのに対し、ノロ（祝女）が、稲刈り前に行う稲穂の祭りの「アラホバナ（新穂花）」は集落全体の祭りだ。祭日は、加計呂麻島では旧暦六月初の戊《つちのえ》だが、名瀬市大熊のそれは庚申《かのえさる》の日。ことしは新暦七月二十日に行われた。

奄美空港から国道58号を南下、本茶峠を下ると深い入り江が開ける。鳩浜埋め立て地を右に折れると、カツオ漁業で知られる大熊漁港。その背後に大きな集落が軒を並べている。大熊はノロの祭事など古い琉球色の強い南島文化を残している半面、明治以降にカトリック教や天理教なども入り、複雑な信仰地図を描いている。

大熊にはノロの祭場が二カ所ある。親ノロの重田キサ子さん（六一）が住み、二月のウムケ（神迎え）と四月のオーホリ（神送り）を行うシャントネ（下のトネヤ）、グジヌシ（男の神職）が管理、アラホバナと七月のウフンメ（粟折目）、十一月のフユウンメ（冬折目）を催すウントネヤ（上のトネヤ）で、二つのトネヤは隣接している。

祭りはユーバントリモチという前夜祭から始まる。同夜はノロの親類が招待され、ヤトモリと呼ぶどんぶり飯とお神酒が振る舞われた。

本祭は午前九時から始まった。祭りに参加するのは親ノロとグジヌシ、ウッカン、イガミの十二人。藤山シゲ子さん（六三）、多月キネ子さん（六六）も鹿児島から早朝の船便で駆けつけた。グジヌシの公務員、田中稜郎さん（五四）を除いて全員が白神衣に白はちまきをし、カブリカズラをかぶっている。親ノロはさらに白鳥の羽飾りを頭に四本挿す。うち二本には千代紙で作った飾りがぶら下がっている。

ミキアタリと呼ぶ手伝いの婦人が稲穂三本を親ノロに手渡す。かつて大熊の山手には広い田袋があったが、もう稲作農家はゼロ。この稲束は前日、竜郷町秋名からもらい受けたものだ。

親ノロは稲束を両手に持って祈りをささげる。さらに稲穂一本を抜き取り、その稲先で椀《わん》のミシャグ（米の粉の発酵液でミキともいう）をかきまぜながら「稲の実入りがいいように」と声をたてずに、稲魂さまに唱えごとをとなえる。そして、このミシャグを飲む。二日ミシャグといって二日前に仕込み、この日ミシャグ開きしたものだ。さらに、モミ殻をむいて、水の入った椀に落とす。次にモモの木でミシャグをかきまぜながら、また唱えごと。時折セミしぐれが響くけだるい夏日だ。隣で取材中の民俗学研究家の小野重朗さんが「モモの木には悪魔払いの呪力があるといわれる。あれは、地区民の無病息災を祈っているんです」と耳打ちしてくれた。

全員がコバ製のウチワを前後させながら歌を唱え、ミシャグを飲む——素人目には同じことの繰り返しに見えるが、それぞれに意味があるのだという。最後に女性三人が親ノロらに杯をささげる。

この女性たちは、この一年間、原因不明の病に悩み、ノロたちに願掛けした人たちだ。杯を受けたノロたちは、ノロ神の祝福があるよう、また願掛けの唱えごとをした。

部外者はトネヤに一歩も入れない。深紅のハイビスカスや濃緑のパパイアの木の陰で、次々展開されるノロたちの一挙一動をじっと見つめる。魂は中世の南島世界に漂い、目まいを覚える二時間だった。

【令和のいま】
行われていない。一九九五（平成七）年、親ノロの重田キサ子さんが他界してその後、グジヌシやイガミの方々が集まって行っていたが、次第にそれもなくなった。（奄美市教委）

31 曽我どんの傘焼き

鹿児島市甲突川河畔

〝兄弟〟の御霊鎮める

秋の「妙円寺参り」、暮れの「義士伝輪読」とともに鹿児島の学舎の子供たちの三大行事「曽我どんの傘焼き」が七月二十日夜、鹿児島市甲突橋下の甲突川河畔で行われた。

街にとばりが下りたMBC横の河原に積まれた高さ約四メートルの古傘のヤグラが、点滅を始めたばかりのネオンの光に浮き、闇《やみ》に沈む。いつの間にか両岸や橋の欄干《らんかん》には人影が鈴なり。千人は下るまい。雨雲が低く垂れ込め、時折小雨がパラつく。そのたびに見物人の黒い傘が群れ咲く。

間もなく、白はちまきに白へこ帯姿で裸の若者十人がヤグラの前に二列に並ぶ。鹿児島実業高校の応援団部員たちだ。ひとしきり応援演舞で前景気をあおったあと、リーダーの森田陽一郎君（三年）がたいまつを掲げてヤグラに点火した。

バリッ、バリッ。火は一気に頂上にかけのぼり、辺りがパッと明るくなる。へこ帯姿の高校生や小学生たちが、傘を掲げて火の周りを回る。観衆の顔が炎で赤く浮き立ち、ウォーッと歓声が上がる。赤い陣羽織姿のオンジョ衆が、胸を張って「曽我兄弟の歌」を高らかに歌う。川面に揺らめぎ、映える火柱がユラユラと幻想的だ。

水辺の火柱に、古い水神祭を思わせる傘焼き

この夜、燃やした古い和傘は約五百本。岐阜や京都から送られてきたものだ。火勢が弱まると、次々と開いた傘がヤグラに投げ込まれ、火と水のおりなすページェントは興奮につつまれていった。

この行事は曽我十郎、五郎の兄弟が建久四（一一九三）年旧暦五月二十八日、父の仇《かたき》・工藤祐経を富士のすそ野で討った故事にちなむという。この夜は激しい雨で、曽我兄弟は傘に火をつけ、これをたいまつ代わりにして仇討ちし、その後、非業の死を遂げた、ともいわれる。「曽我物語」は、南北朝時代から愛読され、江戸時代には「曽我もの」として浄瑠璃や歌舞伎、狂言、長唄などで盛んに取り上げられた。

鹿児島城下では、曽我兄弟孝行話が士族の子弟教育に恰好《かっこう》の見本を与え、郷中《ごじゅう》教育の柱の一つとなっただろう。

天保五（一八三四）年、江戸の講釈師の書いた旅行記に、鹿児島の傘焼き風景が描かれており、江戸末期にはすでにあったらしい。明治以降は甲突川のどこかしこや磯海岸などで行われた。戦後は占領軍の命令で中断されていたが、昭和三十五年に鹿児島三大行事保存会（野津親男会長）が復活させた。

曽我どんの傘焼きは薩摩士風にぴったりで、一見して勇壮な薩摩独特の火祭りに見える。だが、旧暦五月に火祭りをする例は全国的にある。神奈川県小田原市では「曽我の傘焼き」を今も行っている。県内でも隼人や山川、加世田、菱刈など農漁村部にも祭りの形跡がある。その古層には農民の水神信仰が見え隠れする。

旧暦五月二十八日は「虎が雨」といって、必ず雨が降るといわれる。十郎の恋人、虎御前にちなむ逸話だ。また、この日は曽我兄弟の霊が田のあぜを走り回って踏み崩す、と恐れられた。これには「非業の死を遂げた人の霊はたたる」という御霊《ごりょう》信仰が垣間見られる。

しかも五月の火祭りは、水辺で行う共通点がある。旧暦五月は田植え月。農民にとって水は欲しいが、洪水になっては困る。そこで、かつて恵みの雨を願う子供たちの火祭り（水神祭）があった。それがなぜ曽我物語に取り込まれたのだろう。民俗学者の小野重朗さんは「曽我兄弟の親孝行物語と御霊思想が中央から入ってきた。それが鹿児島では郷中教育に取り入れられ、祭りに新しい意義づけがなされたのだろう」と語る。そういえば、傘には雨を防ぐ呪力があると信じられていたとはいえ、曽我兄弟の時代に番傘はなかったはずだが――。

【令和のいま】

岐阜市和傘振興会などから約二百本の古和傘の提供を受け毎年実施してきた。しかし、8・6水害復旧土砂除去工事が終わり、二〇一九（令和元）年に甲突川河畔にやぐらを組み、傘焼きをする舞台が確保できなくなる皮肉な結果が生じたため、令和元年は磯海水浴場で三、四本の和傘を燃やす計画だ、という。（二〇一九年七月一日付南日本新聞報道）

32 ナゴッサア

牧園町（現・霧島市）伊弉諾神社

輪くぐり穢れ払う

陰暦六月の晦日《みそか》に行う祓いを「ナゴッサア」という。鹿児島では夏越《なごし》祓いとか夏越祭と書く。戦前は大晦日の年越の祓いとともに県内各地で行われていた。現在は大隅半島中・南部を中心に一部の神社で生き残っている。

牧園町下中津川改田口の伊弉諾《いざなぎ》神社では、月遅れの七月二十九日、茅《ち》の輪くぐりや人形《ひとがた》流しなど古式ゆかしく、おごそかに行われた。しかも、同社のそれは「数え年七歳児の厄払い」が強く意識されており、興味をそそられた。

天降川渓谷の深緑がまぶしかった。灰神楽の真っただ中を抜け出したばかりだっただけに、山の冷気がひときわ新鮮だ。妙見温泉から国道223号に別れ、右へ旧道を進む。右手に犬飼の滝の瀑音《ばくおん》を聞きながら中津川沿いを遡《さかのぼ》ると、間もなく改田口集落だ。

県道沿いにある参道の急な高い石段をのぼる。その中腹に一対の仁王像がにらんでいる。案内板によると、和気清麿が流された高尾寺にあったもので、寛文八（一六六八）年三月作。珍しく完全な立像。明治初年の廃仏毀釈《はいぶつきしゃく》（仏こわし）を辛うじて免れたのだろう。

茅の輪をくぐり、罪や穢れを払う子たち

伊弉諾神社はかつて妙見温泉近くにあったが、山崩れで崩壊して現在地に移転した。ことしは遷座《せんざ》四百年に当たるという。社殿は目通り数メートルの老クスに抱かれ、歴史の重みを感じさせる。拝殿ではすでに夏越の祓いの神事が始まっており、富尾和人ちゃんら七人の七歳児が母親とともに、神妙な顔で正座していた。

神事が終わると、神官から七つ子全員に紙で切った手のひら大の白い人形が配られた。そして宮司の海江田勇畩さん（八四）の指導で、この人形《ひとがた》でまず、自分の左右の肩、次に鼻から全身をなでる。最後に目をとじ、この人形《ひとがた》にフーッと息を三回吹きかける。これを神官が集めて回る。この半年間、体内に宿った罪や穢《けが》れを人形に託し、川に流すのだという。

次いで「茅《ち》の輪くぐり」。かつて茅の輪は境内に設けていたが、今は拝殿と神殿を結ぶ廊下の柱と桁《けた》に固定している。神官を先頭に、久保理香ちゃんらが母親の桂子さんらとともに静々と茅の輪をくぐってあとずさりした。

境内に茅の輪を設置していたころは、七歳児を先頭に氏子が一度通り抜けた後、輪の上下を逆にして後ずさりしてまたくぐる。さらに輪を元に返して前進して三度目の茅の輪をくぐる――といったややこしい儀式だったが、茅の輪が室内に固定されてから一回に簡略化した。

この間、海江田さんが、

〽水無月の夏越の祓いする人は
千歳の命延ぶというなり

などと古歌を吟ずる。茅がやには悪霊を払う霊力があり、これを輪にした茅の輪をくぐることで身の清浄が保障される、と信じられているのだ。

最後にチビっ子らは麻で紡いだ〝長寿の衣〟を一人ひとり肩にかけてもらい、「洗い清められた、すがすがしい気持ちで暑い夏を無事乗り切って下さい」と、海江田さんから祝福を受けた。

その後、直会《なおらい》に移り、お神酒とスナック菓子をもらった子供たちは、「やった!」と大喜び。一時間の緊張がやっとほぐれ、天真らんまんな日ごろの子供の世界に戻った。

「夏越」の語義は、邪神を払いなごめる意味で「和(なご)し」だとも、夏の名を越えて相剋《そうこく》(対立する者が相手に勝とうとして争うこと)の災を払う故ともいわれる。旧暦六月は梅雨時で悪疫の流行期であり、健康保持のために罪、穢れを払う必要があったのだろう。その意味で、ナゴッサアは六月灯にも通じる。いや、むしろナゴッサアの中に六月灯の原点を見る思いすらした。

【令和のいま】

宮司さんの話だと、いまも存続している。三十年前は七歳のための行事だったが、近年、集落内に子供がほとんどいなくなったので、年齢に「七のつく人」が祭りに参加している。(霧島市教委)

33

七夕踊り

市来町（現・いちき串木野市）大里

祖霊慰め豊作祈る

元気よくとぶ牛のツクイモン

巨大な牛や虎の張り子が登場する市来町大里の「七夕踊り」は、多彩な民俗芸能が登場する興味深い民俗行事だ。旧暦七月七日が祭り日だが、現在はこの日に近い日曜日に変更、ことしは炎天下の八月十一日、地区の青少年総ぐるみで田園劇を演じた。

七夕踊りは太鼓踊りとツクイモンという動物の張り子、それに行列モンの三つで構成され、十四歳から二十九歳までの青少年が総参加する。出郷者もこの日だけは帰郷して祭りに加わる。「七夕踊りがあるから大里の青年団はまとまりがいい」といわれるゆえんだ。

登場するツクイモンは鹿、虎、牛、鶴の四種類で、製作、演出を受け持つ集落はそれぞれ決まっている。国道3号沿いの島内集落の大里川堤防は、朝早くから見物人であふれていた。午前十時、山陰から鹿の張り子が姿を現した。鹿を追ってパン、パーンと狩人の空砲が響く。逃げまどう大鹿、揺れる人波。

ついで八人の青年が中に入った大虎が首を振りふり突進する。狩人がヤリや刀でこれに立ち向かう。アマチュア・カメラマンのシャッター音が響く。ドドッ、虎の逆襲だ。逃げまどう狩人が、勢い余って土手下に転げ落ちる。「ワッゼェ元気のよか虎じゃ」と狩人が閉口する場面も。

虎のあとは一番でっかい牛三頭。長さ約六メートル。二本のモウソウ竹を背中に通し、これに逆U字形の竹の骨組みを乗せ、白い帆布をかぶせている。牛の腹の部分にはガメラと呼ぶヤマブドウのツルをぎっしり下げている。頭部は箕《み》に紙を張り、銀紙で作った大きな目。ワラの面縄に大きな鞍《くら》を背負っている。これを十六人の青少年が交代で担ぎ回る。

牛の前後には牛使いがおり、先頭の牛使いが「セージャガ、ソラァ」のかけ声とともにオノを振り下ろすと、牛は後部を空中高く押し上げる。これを「牛がとぶ」という。牛のあとに鶴の張り子が長い首を振って続く。口には稲穂をくわえている。「鶴が稲の種を落として稲作をもたらした」と全国各地で伝えられる「穂落神伝説」をほうふつさせるしぐさだ。

これらツクイモンの後方は行列モン。大名行列では、バリン（馬簾）振りの奴《やっこ》などさまざまに変装をこらした人たちが風変わりな踊りを披露する。その姿が面白く、今風にいえば「これぞパフォーマンス」。ジュキュジン（琉球人）行列では、馬場添徳広君（一三）＝市来中二年＝扮する中山王など異国情緒漂う諸風俗が展開する。太鼓踊りが最後を締める。

七夕踊りは、島津義弘公の朝鮮出兵の〝凱旋《がいせん》〟を祝って踊り始めた、と言い伝えられている。見物人も珍しい巨大な動物の張り子に目を奪われがちだ。とりわけ虎の張り子が加藤清正の虎退治の故事とオーバーラップして、この口伝を受け入れやすくしている。

だが、七夕踊りの中心は、この太鼓踊りなのだ。大里水田は地頭・床涛到住《とこなみとうじゅう》が苦労して開田した。そこでお盆の始まりである七月七日に床涛に感謝報恩し、開田者の力を借りて稲の害虫を防ぎ、豊作を祈願しようとする心を込め、太鼓踊りを奉納する。その証拠に、この踊りは何をさておいて床涛の墓のある「堀之内どん」で奉納される。つまり七夕踊りは、祖霊信仰に由来しているのだ。

では、祭りのメーンに見えるツクイモンは何を意味しているのだろう。民俗学研究家の小野重朗さんは「到住だけでなく、死んだ飼い牛や食用にした鹿などの精霊までも現れ、太鼓踊りの供養を受け、慰められるものだったと思う」と動物の精霊供養説を唱えている。近郷でお盆に墓に現れる、子供たちの牛の張り子と併せ示唆に富む説だ。

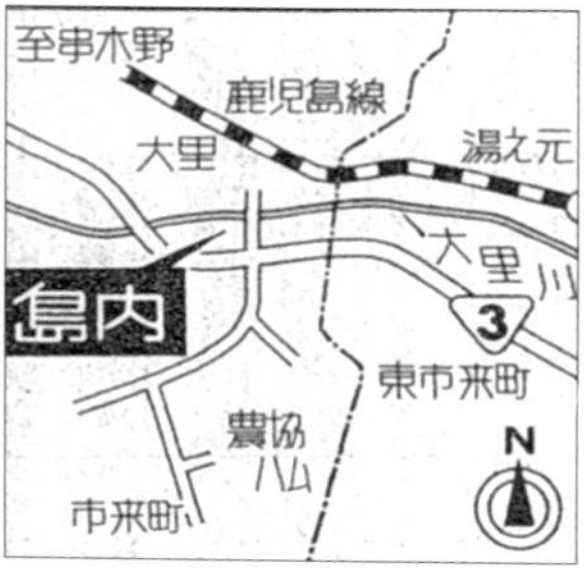

【令和のいま】

現存している。存続への悩みは、後継者不足と高齢化。かつては地区の青年が中心となって運営していたが、若年層の減少に伴い地区全体で協力しながら実施している。（いちき串木野市教委）

34

ゴレッソウ

根占町（現・南大隅町）大浜

夕やみに揺らぐ炎

月遅れお盆の八月十四、十五日の二夜、鹿児島湾沿いの根占町大浜海岸で「ゴレッソウ」が行われ、たいまつの火が海を赤々と焦がした。

大浜は町の南、佐多街道が縦貫する約百戸の集落。かつて防風林の松林と長い白浜がうねる白砂青松の地だったが、マックイムシ禍でもう美しい松林の景観は見られない。

訪ねたのは十四日午後七時すぎだった。大浜中集落に入ると、墓地の方で提灯の灯が幾重にも揺れている。オショロサア（御精霊様）を供して家路を急ぐ母子にすれ違う。「ゴレッソウはまだですか」と声をかける。「今晩は雲行きがおかしかで、いけんじゃろかい」と空を仰ぐ。雨雲が今にも泣き出しそうで心騒ぐ。そんな折「ただ今からゴレッソウをします。

夕暮れの浜に揺れる幻想的なたいまつの火

準備している方は浜に下りてくださいと、大浜一統会会長の浜川禎二さん（五八）のアナウンス。「それっ」と浜の方へ駆け出す。

夕やみの浜辺は神々しい。対岸の薩摩半島の山々は、まだ残照に赤黒く染まり、対岸の指宿の街明かりがチカチカと真珠のような輝きを見せる。潮騒と浜風が耳にここちよい。浜に人影が一人また一人とその数を増す。それぞれがアカシという松の根を細かく裂いて束にしたものを先端に括《くく》りつけた七夕ザオを用意している。

お父さんたちが、浜にこの七夕ザオを立てる穴を掘っている間、お母さんや子供たちは、焚き火にアカシを寄せ、引火させる。松ヤニを含んだアカシは黒いススを吐き出しながら燃え出す。六本の七夕ザオが次々立ち、砂浜を赤く染める。間もなく南、北の浜にも火柱が揺らぐのが見える。鬼火焚きのように火勢は強くない。ユラリユラリくゆるという感じだ。夜の浜に点々と鈍く揺らぐ淡い光が幻想的。伊集院から里帰りした福島和哉ちゃん（六つ）も、さわさわと浜風に吹かれながら、ロマン漂う炎の群れにうっとり。

この間、二十人ほどが焚き火を囲みながら、世間話に余念がない。「昨年はテレビ取材があったもんで、ずらり百人も並び、それは見事でした」と禎二さん。浜川俊満さん（六〇）、浜川代美さん（六八）の話だと、太平洋戦争前までは十六日の「川流れ」も盛んで、ダンべ船に芸者衆を乗せ、一日中歌舞飲食して楽しんだという。「大浜では、オショロサアはセミやトンボに乗って肉親に会いに来る、といわれている。だから盆に限らず、セミやトンボ捕りはきつく戒められています」と俊満さん。かつてゴレッソウは十五歳をリーダーとする子供たちの盆行事だった。中野計佐次郎さん（八四）によると、今、堤防になっている所にハッゴイッ（八合石）という巨石があった。子供たちはこの石の上に松葉を敷き詰めて燃やし、この周りを右周りに回りながらゴレッソウをながめ、その後、浜で相撲をとって楽しんだ。だが、もう子供たちはゴレッソウにあまり関心を示さない。大人中心の〝火祭り〟をよそに、その近くで、打ち上げ花火に興ずる子供たちの姿が印象的だ。

　盆の火祭りは各地にあり、この火で御精霊様《おしょろさま》を迎え、送るのだといわれる。大浜でもゴレッソウ（語源はわからない）をそう意識している人もいるが、その由来はほとんど知らない。もし御精霊様の迎え火、送り火だとしても、同じ行為を同じ日にお墓と浜の二カ所でなぜやるのか、疑問がわく。

　そこで注目したいのが、ゴレッソウで必ず用いる七夕ザオ。七夕は元来、水神祭りだったといわれる。だとしたら、この祭りの原郷は水神を祭る火祭りだったが、その後、仏教の影響で祖霊信仰のお盆行事が入り、二つの行事が重なり合って今日の姿になったのかもしれない。

【令和のいま】
今も三地区合同で、お盆の十四、十五日夕に行っている。ただ燃やす松材がなく、廃家を取り壊す際などに松材を保存して使っている。
（南大隅町教委）

35

火流し

牧園町（現・霧島市）犬飼

炎とともに精霊送る

お盆に火を焚きオショロサア（御精霊様）を迎え、送る民俗は、鹿児島県内各地にある。なかでも集落の子供ぐるみで行うお盆の火祭りは、より古い民俗とみられる。祖霊信仰以前の水神信仰としての火祭りの面影があるからだ。そうした民俗は、前回紹介した根占町大浜のゴレッソウや垂水市小浜のテマツタキ（松明《たいまつ》焚き）など鹿児島湾沿いの集落で今も見られる。

子供たちに引かれて川を下るイカダの炎

一方、内陸部では東市来町養母北山のヒフリ（火振り）が有名だが、牧園町犬飼（八十六戸）では八月十五日夜、子供たちがイカダの上で火を焚き、川に流す「火流し」が行われた。

天降川上流の妙見温泉から右に折れ、支流の中津川沿いに進む。犬飼の滝を過ぎて最初の三差路を右折するともう犬飼集落だ。それまで深い渓谷を流れていた中津川も、この辺りではゆるやかな流れで、集落を二分している。火流しはここで行われる。

火流しの準備は、小、中学生が青年団、お父さんたちの応援を得て午前中から始める。青年たちは山からモウソウ竹を切り集める。お父さんたちは、これを四メートル四方に切ってカンネンカズラで結び、イカダ作りに余念がない。一方、子供たちは各戸から麦ワラを五、六十束集めてくる。

イカダが出来上がると、この上に燃料になるワラを積む。まず麦ワラを厚さ三十センチほど敷き詰め、各戸から集めた七夕ザオでしっかり押さえる。その上に青竹や古提灯《ぢょうちん》などを山形に積んで作業は終わる。燃料はしめて軽トラック四台分。イカダに積み切れない燃料は下流の数カ所に積み上げておく。

日没前の午後六時半。墓参りをすませた地区民が盆提灯をぶら下げてゾロゾロ川沿いに集まってくる。持ってきた盆提灯は、橋のらんかんや川ぶちに立てられたモウソウ竹の横ザオに次々とつり下げる。初盆を迎えた家は何個もかけるので、その数、百数十個。淡い光の提灯の群れが夕暮れの川辺にほのかに浮き上がり、幻想的で神々しい雰囲気をかもし出している。

約二百人の見物人が見守る中、久保明広君（一三）らがイカダを川中に運ぶ。火流し保存会会長の池田正義さん（四九）が松の葉でイカダに点火する。バリ、バリッと炎は一気にかけのぼり、川面を赤く焦がす。川沿いの見物人からウォーッと歓声が上がる。

赤ふんどし姿の久保君ら子供たちは、火柱立つイカダを引いて下流に流す。だが、浅瀬のため、なかなか動かない。お父さんたちが助っ人に川に入る。この火流しは、十四二才《にせ》を頭に、小学三年以上の子供で行う行事だったが、過疎で子供の数が激減し、どうしても大人の助けが必要なのだ。

イカダ上の火勢はますます強く、ポン、ポーンと竹節のはじける音がしじまを破る。まるで正月行事の鬼火焚きを思わせる光景だ。川に入った子供たちが、岸辺の見物人めがけて水をかける。すると、間髪を入れず岸からザーッとバケツの水が投げかけられ、爆笑がわく。同じお盆の火祭りの一つ、根占町大浜のゴレッソウが静的でムードあふれているのに対し、こちらは行動的でにぎにぎしい。

イカダの炎は夜空を焦がしながら約三百メートルを一時間もかけてゆらり、ゆらりと川を下る。集落の御精霊様がこの火とともに、あの世へ帰るのだといい、「また来年きやんせェ」と、合掌するお年寄りもいる。

この火流しは、いわゆる精霊流しの古い形式をとどめたお盆行事のようだ。しかし、必ず七夕ザオも一緒に流さなければならないという。つまり、精霊流しとともに「七夕流し」をも兼ねているわけで、興味尽きない火祭りだった。

【令和のいま】
存続しているが、もう限界。少子・高齢化の上、若い世代は集落外に出ている状況で担い手不足。このまま存続できるか、集落でアンケートをとった結果、廃止が決まった。（霧島市教委）

36

石塔まつり

南種子町広田

〝水の子〟供え精霊供養

〝水の子〟に水をかけ、精霊と別れを告げる広田の人たち

お盆の八月十五日、南種子町広田で地域ぐるみで招いた精霊を供養する古風な盆行事「石塔まつり」を見た。広田（六十戸）は種子島の東南、太平洋に面した農村。弥生中・後期の人骨が出た広田遺跡で知られ、種子島宇宙センターにも近い。

老人クラブ会長の坂口彦次さん（六九）によると、広田の精霊迎えは旧暦七月一日から始まるものだった。トーマエ（塔前）という組が六つあり、これが毎晩、順送りに当番になる。公民館前に精霊招き石があり、この石のそばに赤い旗を立て、坊さんにお経を唱えてもらい、精霊を招いた。読経がすむと、ササゲといって砂糖で煮た小豆をサジですくって集まった地区民に配る。こんな精霊招きが十二日夜まで続いた。この風習も太平洋戦争中にすたれた。

現在は十三日晩に仏壇から位牌《いはい》を床の間の精霊棚に下ろし、びょうぶで囲って先祖の霊を迎える。さらに縁先にマダケで足長の水棚を作り、ソテツの葉で囲んで、精霊棚と同じものを供えた。お盆に行くあてもなく庭などにうろついている無縁仏を供養するもので、これは縁側から拝む。家の中には身内の霊以外は入れないが、祀る人のいない霊を戸外で慰さめてあげよう、とする種子島の人たちのやさしい心根がにじむ習俗だ。今は縁側に供え物を置く程度で、戸外に水棚を作る家はほとんどで見かけない。残念がっていると、公民館長の崎田健二郎さん（四五）が「作って見せましょう」と、その場で再現してくれた。

さて、石塔まつりは町道横のこんもりした小高い石塔山で行う。種子島は法華宗の盛んな地で、広田にある同派の善福寺の鐘がカーン、カーンと響き渡ると、集落の老若男女が三々五々、石塔山に集まる。お母さんたちは〝水の子〟の入ったお重と線香を持ち、子供たちは米の粉を蒸してシャニンの葉にくるんだ十本束の粽《まき》を持って坂をのぼる。水の子はバショウの幹をミジン切りにし、赤いエンガ（ホウセンカ）の花びらで彩りを添えたもの。粽も種子島のお盆には欠かせない餅で各家庭で六十個ほどは作る。

石塔山には祭場とその奥の坊主墓群がある。祭場は中央のシャリンバイの木の根元に竹でしつらえた、オコウソウ（御高祖）を祀る大きな水棚があり、一族の祖霊を祀る九つの小水棚がこれを囲む。水棚を作るのは子供たちの役目で、十一日に長田智寛君（一二）ら二十二人の小学生が老人クラブのお年寄りらの指導で仕上げたものだ。約百人の地区民は、大小の水棚に粽をあげ、坊主墓に参る。地区民はまず大水棚に線香を立て、水の子を供え、上からたっぷり水をかけて拝む。それぞれの小水棚でも同じ行為を繰り返す。水をかけるのは「仏さんが水をほしがるからだ」という。このあと、全員が粽を一個ずつ食べ、残りは水棚を作った子供たちにプレゼントした。

坂口さんによると、なつかしい生前の家を後にした先祖の霊たちは、この石塔山に集合し、十五日夜は善福寺に一泊、翌十六日早朝、あの世に旅立つのだという。水棚に供えた粽は、精霊たちのツエになる、とも聞いた。

お盆が家庭単位の行事になっている今日、地区民こぞって精霊を迎え、送る広田の風習は、古い民俗を今にとどめている。しかも墓と石塔の双方を大事にし、参る姿に「西日本にはない」といわれる埋め墓と参り墓の「両墓制」をもほうふつさせる。その意味でも広田の石塔まつりは興味尽きないお盆行事の一つだ。

【令和のいま】

毎年八月十五日午後七時ごろに、いまも存続している。（南種子町教委）

37

ボタモチ下げ

根占町（現・南大隅町）横馬場

ワラット奪い取る

「ここにもあったぞ」。ワラットを奪い取る子供たち

庭木や家の門口につるされたワラット包みのボタモチを、子供たちが取って回る「ボタモチ下げ」が八月十四日（旧暦六月二十八日）、根占町横馬場で行われた。

横馬場（七十二戸）は、町中心部の東端。かつては純農村だったが、町営住宅も増え、もう街に吸収されている。戦後しばらくは、旧暦六月下旬に根占の各地で「ボタモチ下げ」の風習が見られた、というが、今では横馬場だけ。公民館青少年部＝殿園章子会長（一四）ら二十四人＝の年中行事の一つとして守られている。

午後三時すぎ、幼稚園児から中学生までの子供たち二十数人が公民館に集まってくる。「伝統行事は地域の貴重な遺産であり、いったん絶えれば元に戻りません」。ホールの黒板に肉太の字が躍っている。曽原正弘公民館長（六六）がしたためたものだ。ムラの民俗文化への誇りと伝承への意欲がにじむ。

午後三時半、殿園さんの合図で子供たちはクモの子を散らしたように一斉に戸外に飛び出した。浜田秀隆君（一三）＝根占中二年＝は、公民館前を右に折れ、角の商店へ一目散。店主の松永政幸さんが大玉のスイカを下げているのを目ざとく確認していたからだ。浜田君は見事に〝作戦〟が当たり、大きなスイカを抱えて意気揚々引き揚げてきた。

小学低学年児は集団で路地を駆け巡り、われ先にと、つるされたワラットを奪い取る。かつてはどの家庭もシャニンの葉にくるんだボタモチをワラットに入れて下げ置くものだったが、最近では、子供たちの好きなスナック菓子やパン、くだものなどを買い物袋に詰めたものが主流だ。「私たちが子供のころは、ワラットに馬ふんを入れ、イタズラする青年たちもいましたよ」と曽原館長。

三十分後、一人で幾袋も抱え喜色満面な子、大汗をかきながらそのつど、先輩たちの後塵《こうじん》を拝して手ぶらの園児らが、公民館に帰ってきた。だが、〝戦利品〟の独り占めはここまで。なんのトラブルもなく袋を供出、みんな平等に分け合い、和気あいあいおいしそうにぱくついていた。

このボタモチ下げの由来は、「ある不作の年、地主が『一日だけでも子供たちにモチを食べさせたい』と庭にツトを下げておいたのが起こり」という口伝がある。だが、これは後世の俗説だろう。

曽原館長によると、「ボタモチ下げ」は別名「ショガッ（正月）ドッ」ともいう。ドッはトキで、仏教でいう斎《とき》（法事のあとで出す食事）と同語だが、鹿児島では「田植えドッ」とか「風ドッ」など農耕や防災、時節の折り目などに行う各種儀礼のことをいう。民俗学研究家の小野重朗さんによれば、南九州では仏教とは無関係で、より基本的な「時《とき》」という語に近い。そういえば、鹿児島には「正月ドッ」とか「火のドッ」など、生活上の重要な時（季）に、近隣が集まって仕事を休み、季節の食べ物を作り、食べ合って過ごす民俗歳事が多い。では、旧暦六月末なのに「正月」とはこれいかに、と疑問がわく。そこで思い出すのが、先に紹介した牧園町伊弉諾《いざなぎ》神社の「ナゴッサア」の行事。七歳の子供たちが茅《ち》の輪をくぐり、この半年間体内に宿った罪、穢《けが》れを人形《ひとがた》に託して、川に流すものだ。旧暦六月といえば田に害虫が発生、人畜の伝染病も多発する時期。私たちの先祖は、何か災厄があるとトッをすれば、清浄な年に改まり、その難をのがれられると信じていたらしい。そのことは「ボタモチを食べれば健康になる」という、横馬場での言い伝えからも想像できる。旧暦六月末に正月ドキをすることは、先人の古い正月観がにじむ民俗ではなかろうか。

夏正月は奄美のアラセツ（新節）にも見られる。かつて庶民の「生活ごよみ」は、暦年通りではなかったかもしれない。

【令和のいま】

今も子供会行事として行われている。ただボタモチを下げる家庭は少なく、今ではお菓子を下げる家庭が多くなった。（南大隅町教委）

38

シニグ

与論町城

「ヤーウチ」回る子ら

「ウーベ、ハーベ」と唱えながら室内の邪霊を払う子供たち

沖縄北部と与論島だけに残る南島民俗「シニグ」（シヌグともいう）が、八月一日（旧暦七月十七日）行われた。シニグは、ウンジャミ（海神祭＝与論島では明治初期に消滅）と年ごとに交互に催すミチャモウイ（三年回り）の行事。

与論のシニグは、島の南部を中心に十グループほどの祭り集団が現存するが、その中でグスクマ（城間）ダークラ（サークラともいう）を訪ねた。ダークラとは臨時の祭屋のことで、祭りに参加する祭事集団をも意味する。グスクマ・ダークラは、二十一のカブ（家）で構成する男系のパラジ（親族）集団で、シニグの祭事だけでなく、日常も親せきづき合いが深い。祭屋のダークラは、決まった場所の畑の中に、約三メートル四方の四本柱を立て、天幕を張ったもので、前日に全員で造る。東側の柱には高さ約四メートルのサオの頂に白衣をまいた横棒を吊るしたシニグ旗とデーク（ダンチク）の束を添えている。

ダークラの北東隅には、ニージガミ（根地神）と呼ぶ土地神をまつる聖地がある。祭りはここでの祈願で始まる。座元（祭主）は世襲で、現在は土持喜久茂さん（六二）。座元の補佐役に基岩澄さん（五四）と黒田川千応さん（六七）が就く。座元の土持さんは白神衣に、琉球風の僧りょ帽に似た赤く丸いシニグ帽をかぶっている。根地神には米、塩を供え、線香がくゆっている。

午後五時前、女子供を含めた全員がここにお参りした後、基さんが持つシニグ旗を先頭に、神道を通ってミシ・パンタ（「北のがけ」の意味）の聖地に向かう。神道は遠い昔、ダークラの始祖たちが初めて通った道といわれ、日ごろ人は通らない。それだけに畑を突き抜け、足場の悪いがけっぷちやヤブを進む。ホウマシ（川増＝地名）のサトウキビ畑から十数人の集団がキビをかきわけて合流した。グスクマ・ダークラと同系のメーダ・ダークラの人たちだ。

ミシ・パンタは島全体が見渡せる高台の崖上で、一行は高さ約二メートルのウル（サンゴ岩）に米と塩、シニグ旗を供えて、麓禎光さん（八二）が祝詞をあげる。ムケーシニグ（迎えシニグ）といってシニグの神を迎えるのだという。

上野常道さん（七六）によると、かつて座元は前夜、寺崎御願という聖地のガジュマルの樹下に泊まった。そして祭り当日、ヤマブドウのツルをたすきがけし、人神になってムケーシニグに現れ、前夜の夢占いからその年の世柄、作柄を神託するものだった。このあと、ワラベンチャ（子供たち）

はこのヤマブドウを競ってもいで食べた。

一行は再び、ダークラに戻る。ワラベンチャはヤーウチ（家打ち）へ。土持喜久君（一四）＝与論中二年＝ら六人がダークラの家を回り、デークの束を打ち振って、払い清める。神に変身したワラベンチャは、床間の餅や焼酎をもらう。この間、大人たちは酒宴を楽しむ。日がとっぷり暮れ、ワラベンチャがヤーウチから戻ると、一行は東側の海に近いシチャターというキビ畑端でウークイ（神送り）。シニグ旗やデークの束を投げ捨て、そそくさと家路を急ぐ。

「シニグは凌《しの》ぐ意味で、穢れを払い、豊年と無病息災を祈る祭り」（黒田さん）という。「凌ぐ」説も確かにある。だが、シニグク（兄）とアマミク（妹）のきょうだい神の乗った舟が瀬に乗り上げ、この瀬が与論島になった、という島の兄妹始祖伝説もある。ダークラの始祖たちが通ったという神道と併せ、シニグクに由来する祖霊祭と収穫感謝祭ではないか、とも思えた。

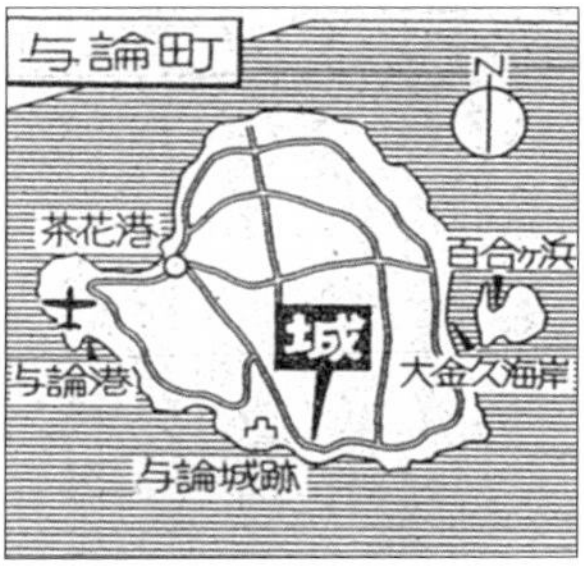

【令和のいま】

いまも存在している。ただし、少子高齢化により、子供の減少で、大人がヤーウチを行うサークラ（ダークラの別名）もあると聞き及んでいる。（与論町教委）

39

ボタタキ節句

下甑村（現・薩摩川内市）手打

相撲や野竈楽しむ

「エイヨー、エイヨー」とかけ声勇ましく土俵に向かう春向の稚児たち

旧暦八月一日を「八朔《はっさく》」という。このころイモや稲などの農作物は、秋の収穫期を目前に、実入りが充実する。そこで全国的にこの日を「頼み節句」といって田畑に「作頼む、作頼む」と作の神をまつる風習がある。

鹿児島でも指宿地方などで「タノモンセツ」と呼んでいる。一方、下甑村では「ボ（棒）タタキ節句」といって、この日、ボタモチを作って食べる風習がある。もうボタモチを作る家庭は少なくなったが、同村手打麓では男の子たちの「八朔のモミエ（もみ合い）」と、女の子たちの「ヒタキマーモ（火炊きままごと）」の二つの行事が今も残っている。

ことしの八朔は九月十五日。前日の夕方、少年たちの「エイヨー、エイヨー」のかけ声が地区公民館屋上から響く。すると、九歳から十四歳までの少年たちが夜具と弁当を持って集まってくる。これがチゴヨイ（稚児寄り合い）だ。ヨイの運営は十四二才《にせ》のリードで進む。この夜、男児たちは、取材で来島した民俗研究家の小野重朗さんから「甑島の民俗」の話を聞いた。そのあとは恒例の肝だめし。下級生たちはオドオド肝を冷やした後、全員が広間にゴロ寝した。

翌朝、夜が白み出したころ、十四二才の「起きろ」の命令で全員起床。長さ二メートルほどの竹先にシュロの皮をくくりつけたホテを持ち、二組に整列。それぞれホテを横に両方の小わきにかかえ、集落を東西に分かれて「筋分け」に回る。東の城内は藤田善心君（一四）＝海陽中二年＝、西の春向は江口照明君（一四）＝同＝をリーダーに「エイヨー、エイヨー」と、まだ人通りのない朝の路地を清めて回った。そして城内は寺下筋、春向は彦どん筋から手打浜に下りて対峙《たいじ》、ホテをX形に組んで、双方が浜にしつらえた土俵に進む。

土俵をはさんで東西に分かれると、行司役の江口是彦さん（四一）が「東西、東西……八朔《はっさく》相撲を取り行います」と口上を述べ、さっそく取組開始。勝てば自軍から「ハーケヨーイ！」の歓声があがる。「昔は、十二歳以下は素っ裸で相撲を取ったものだ」と江口さん。

村収入役の橋口義民さんは「戦前までは両軍が浜ですれ違う時、山手を通るか、海手に甘んじるか、でケンカ同様の激しい合戦をした」という。「八朔のモミエ」といわれるゆえんだ。そのあと、「稚児の十二の教え」を一人ひとり唱えた、とも。

さて、小川立子さん（一四）ら小、中学生の少女十七人は、山手の茶円公民館で「ヒタキマーモ」。

庭に石で竈《かまど》を作り、一合ずつ持ち寄ったコメでご飯を炊く。かつてはタケホシ（炊き込みごはん）と決まっていたが、この日のメニューはカレーライスだ。野竈《のかまど》を構える河原はもう消え、水道を使っての炊事。昔は何をさておいて、田んぼに料理を供えてからみんなで食べた。

　橋口さんは「八朔は大坂城開城の日とかで、士族の子弟が心身鍛錬のためにモミエをする」と説明する。近世以降は、郷中《ごじゅう》教育が重視されて、そう意識されたのだろう。しかし、この行事の原郷は別かもしれない。子供たちが筋分けの際「エイヨー」と叫ぶからだ。「エイヨー」は「良いよ」で、神に扮した子らが、作の出来がよいことを告げ回っていると思えるからだ。そう解釈すれば、八朔の意義と符合するのだが――。

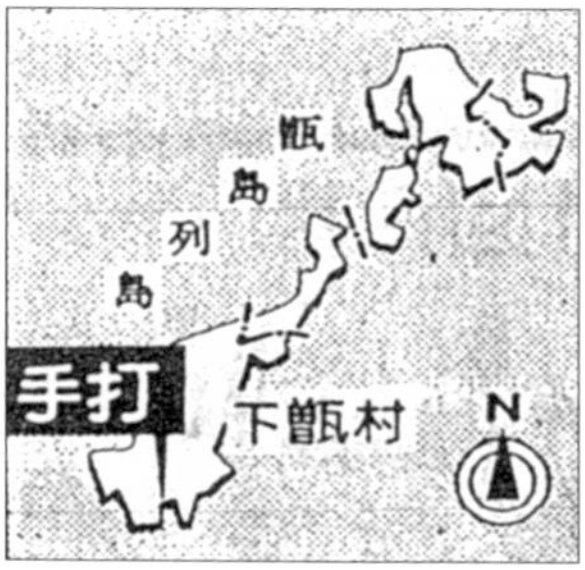

【令和のいま】

八朔相撲の中での行事として行われていたが、二〇〇二（平成十四）年ごろから行われていない。ヒタキマーモも一九八九（平成元）年ごろから行われなくなった。子供の減少と麓地区だけで行うのが難しくなった。（薩摩川内市教委）

40

奄美の八月踊り

笠利町（現・奄美市）用

家回り踊り清める

老いも若きもチヂンの音に合わせ踊りフィーバー

夏から冬に転換する旧暦八月――。奄美は収穫感謝と豊作予祝の「夏正月」でにぎわう。

なかでもミハチガチ（三八月）といって初丙《はつひのえ》の「アラセツ（新節）」、それから七日目の壬《みずのえ》の「シバサシ」、さらにアラセツの次にくる甲子《きのえね》の「ドンガ」は、夏正月の三大節日だ。この間、コスガナシ（高祖霊）を迎え、島は七日七夜の八月踊りに浮かれる。

「八月の節は、夕の暮れど待ちゅり（待ちどおし）」――島に夕やみがせまるころ、どこからともなくチヂン（奄美独特の小太鼓）の音が流れる。老若男女が取るものも取りあえず踊りの輪に入り、夜のふけるのも忘れて踊り明かす。八月は奄美が最も奄美らしさを見せる季節でもある。

アラセツの九月二十四日夕、笠利町用を訪ねた。奄美空港から北へ約十二キロ、大島本島北端の笠利崎に近い大島紬の里だ。ザァー、ザァーと単調な潮騒がシマ（集落）を囲むころ、早くも八月踊りのヤサガシ（家捜し）が始まる。ヤーマワリ（家回り）ともいい、踊り連が集落の一軒一軒を回って踊り清めるのだ。かつて用でもノロ（祝女）屋敷があり、ここをスタートに七日七夜踊り回った。

ノロが消滅した現在では、アラセツの前後三日間とシバサシの前後三日間、それぞれシマの南から北へと各戸順回りして踊る。日がとっぷり暮れたころ、踊り連約五十人が赤真忠志さん（七五）宅にやってきた。家から家へ移る時は男女交互に「オボコリ唄」を歌いながら移動すると聞いたが、もうこの光景は見られない。

踊り連の先頭は、チヂンを持った柳井ミヨさん（六四）ら三人の主婦。そのあとに浴衣かけのお母さんやねじりはち巻きの男衆と子供が続く。庭に円陣を組み、チヂンのリズムに合わせて「祝い付け」踊り。

〽庭ぬ掃除しちゅうてぃ
　わぬ待ちゅゅる夜や……

「庭を掃除してお待ちしていました」と、当主の歓迎の言葉を代弁した歌だ。踊りはただ歩き回る体で、歌を聞かせる風情。

次に「那覇の按司加那《あじかな》」。琉球王朝の諸侯をたたえて歌った八八八六調の琉歌形式。歌も踊りもゆっくりだが、次第にテンポが速まる。女連が歌い終わらないうちに男衆の声がかぶさってくる。女連が歌う時は男衆が手をあげて踊り、男衆が歌うと女連の手振りが一段とさえる。

やがて手振りは手拍子に変わり、足だけがせわしく動く。輪の中央では奥武津春《むつはる》君（一二）ら子供たちも見よう見まねで踊っている。踊る手振りは前に押した手をこねて、上へ向ける所作で、琉舞の「押す　こねる　拝む」の振りにそっくり。また、隣の竜郷町秋名の「平瀬マンカイ」で、ノロと処女が招き合う所作にも似ている。

歌は「稲すり節」に変わった。最初の歌ではテンポが遅く、踊りがついていけないのだ。もう「アラシャゲ」に入っている。この〝節変わり〟は北大島独特のもので、古風な南大島のそれと著しい違いを見せる。

用の八月踊りは約三十種あるというが、この夜披露されたのは四、五曲。しかも近年、種下ろし（旧九月十五日）のムチモレ（もちもらい）行事をも吸収したため、歌や踊りの簡略化、複合化が目立つ。「六調」の激しいリズムにハト（指笛）が入り、踊りが最高潮に達したころ、家の人から焼酎やシュケ（酒肴《しゅこう》）が振る舞われ、踊り連は隣家へと移動。村人は深夜まで踊りに酔いしれた。

【令和のいま】
奄美市の「奄美まつり」で代表されるように、各集落でも今も行われている。（奄美市教委）

41 ショチョガマと平瀬マンカイ
竜郷町秋名

稲魂招き豊作祈る

奄美では旧暦八月の初丙《はつひのえ》の日をアラセツ（新節）という。ことしは九月二十四日がその日に当たり竜郷町秋名では、早朝の「ショチョガマ」と、夕方の「平瀬マンカイ」の二つのアラセツ行事が行われた。いずれも南島の豊作への感謝と予祝の古い稲作儀礼で、さる一月に国の重要無形民俗文化財に指定された。

秋名は名瀬市街地から北へ車で約三十分、後ろに山を背負い、前に深い入り江を抱いた約三百戸の半農半漁の集落。集落の背後には約五十ヘクタールの広い田袋が広がり、奄美の米どころとして知られる。

祭り前日の乙《きのと》の日は、アラセツの「つかり日」といい、どの家も表座敷にゴザを敷き、供え物をして高祖ガナシを迎える。先祖とともに稲霊を迎え祀るのだ。

朝潮が満ち始める午前五時、男たちは金久の山腹に登る。秋名田袋を見下ろす中腹には七メートル四方ほどの片屋根のショチョガマがあり、カヤや稲わらを敷きつめている。男や子供たち約三十人がここに登り、チヂン（太鼓）に合わせて、

〽西から寄りゆる
　東から寄りゆる
　西東の稲霊　招き寄せろ

と、歌い終わると、「ヨラ、メラ」の掛け歌で足を左右に踏ん張りゆすぶる。隈元真紀ちゃん（八つ）も大人に負けじ、と踏んばっている。こんな所作が一時間以上も続く。小屋はビリッ、ビリと音をたて徐々に傾く。

東の空がほの白くなった六時半ごろ、グジ（神官）の山田武丸さんが祭詞を唱えながらカシキ（小豆入りのおこわ）を祭壇に乗せ、お神酒をかける。すると、「ヨラ、メラ」の掛け歌が一段と高くなり、小屋はバリッ、バリッ、ドスーンと地響をたてて倒壊した。

この後、「ヨラ、メラ」の掛け声で男たちがショチョガマを倒す

ちょうどその時、東の稜線に暁光がパッとさし、全員歓声をあげ、にぎやかに八月踊りを踊った。ショチョガマは稲の産屋《うぶや》とみられ、これが倒れるさまは稲がたわわに実って、あぜに垂れるのを象徴しているという。

一方、平瀬マンカイの舞台は、秋名湾のみぎわに離れて立つ二つの岩礁。渚に近い方はメラベ（女童）平瀬、やや海面に突き出、シメ縄を張ったのが神平瀬だ。

夕潮が満ち始めるころ、神平瀬に白衣の小ノロ（祝女）役五人のおばあさんが乗り、メラベ平瀬にグジら男三人とチヂン打ちの老女四人が立つ。まず、神平瀬のノロ役が、

〽玉の石ヌブ（登）てィ
何のヨウ（祝）取りゅる
西東ぬニャダマ（稲霊）
招き寄せろ

と歌う。するとメラベ平瀬の老女はチヂンをたた

海辺でネリヤの神と人が招き合う「平瀬マンカイ」

き、男衆は両手を振り上げて右から左へ流し、さらに人を招くよう手をひるがえす。こんな所作が夕暮れの海辺で繰り返される。これは海のかなたのネリヤの国から稲霊ガナシ（稲霊）を招くのだという。つまりノロ役は稲の神の化身で、土地の処女と相対して歌を掛け合い、招き合うのがマンカイで、古代の魂乞《ご》いの呪術を思わせる。

神と処女との交歓儀礼がすむと、それぞれ平瀬を下り、親ノロ役の林サダ子さん（七一）の音頭で円陣を組み「スズ玉踊り」に興じた。この間、村人たちは一重一瓶を持って浜に下り、あかね色に染まった浜辺で祝宴を楽しんだ。

秋名のアラセツ行事は、ショチョガマの「朝—山—男」、平瀬マンカイが「夕—海—女」と対比できる。つまり神の垂直降臨と水平来訪の二つがセットになっている。これは沖縄や与論のシニグ（山—男）、ウンジャミ（海—女）とも相通じる南島色の強い祭りだ。

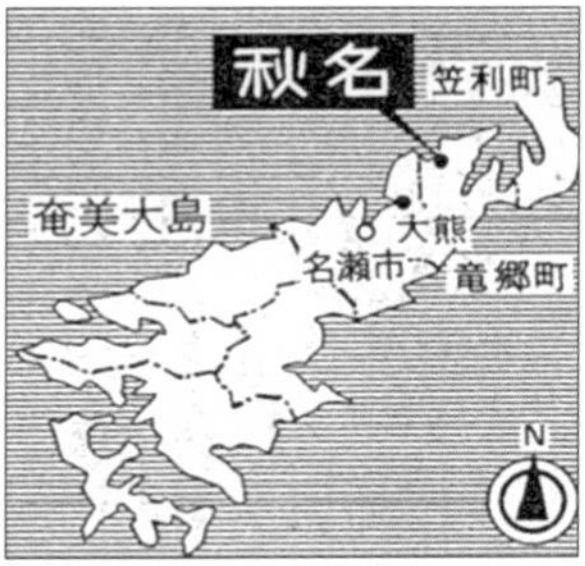

【令和のいま】

いまも変わらず伝承されている。悩みは若手不足のため、ショチョガマ造りの際、とても苦労していること。そのため、二〇一八（平成三十）年からショチョガマの制作にボランティアを募集して取り組んでいる。（龍郷町教委）

42

火とぼし

坊津町（現・南さつま市）上ノ坊

暗やみに火の乱舞

坊港を見下ろす岩場でたいまつを振り回す青年たち

「十五夜カヤ引き」を締めくくる子供たちの十三夜行事「火とぼし」が、九月二十三、二十五の両日、坊津町上ノ坊（百三十二戸）で行われた。鹿児島の十五夜行事は、綱の準備から綱練り、綱引きまですべて子供が主役。年齢に応じて作業分担が決まる年齢階梯《かいてい》的な統制が鮮明で、子供組にとって十五夜は最も重要な年中行事である。近年、過疎化が進み、子供の数が激減して大人が手助けするケースが多いが、坊津町の各集落では、年齢階梯色が今も一部残り、原初的な十五夜行事が見られる。

かつて上ノ坊の十五夜は、旧暦七月十三日の「十五夜口説き歌」の練習から始まった。

そして八朔《はっさく》（旧暦八月一日）の相撲始め、同七日のカヤ引き始め……と、本番の十五夜までロングラン行事だった。だが、村人の生活が多様化した今日はかなり簡略化されており、ことしは二十三、二十五の両日「カヤ引き」と「火とぼし」をした。

男の子たち約四十人が公民館に集合すると、子供頭（中学生）の「はら、どっこいしょが、歩まんかそー」の掛け声で、隊列を組んでカヤ引きに出発。カヤは根付きのものを抜き取る。その量は年齢によって決まっている。一方、九、十歳はアエ（松の落ち葉）をこさぎ取るのだが、近年、松食い虫の異常発生で松が激減、今では青年たちが枕崎市の火の神公園からトラックで運んでいる。

「上んの坊ん子供は、山降りろ」の号令がかかると、全員背いっぱいカヤをかついで峠近くの集合場所に帰ってくる。ここで上級生たちは、番ガヤといって直径一メートルもあるカヤ束を七つ作る。さらに青壮年は、中にアエを詰めた長さ約二・五メートルのダンチクの茎を束ねた大ぶり（たいまつ）を作る。

秋の落日が坊の岬を真っ赤に染めたころ、坊港を見下ろす火とぼし場で大ぶりが揺れ始めた。青年十数人が岩の上で大ぶりをグルグル振り回しながら「十四が甘かで　火をまわせ」と呼ぶ。すると、子供たちは大ぶりの直下で、木の枝で飛び散る火の粉をたたき払いながら、「火を見たかぁー」と、はやす。すると、地区民は路地に飛び出し、暗やみに円を描く火の群れを見上げ、幻想的な火の乱舞に、近づく十五夜を実感する。五十年ほど前までは、火がともるまでの間、婦女子は公民館庭で円陣を組み「そんが婆さま」を踊ったという。また青年たちは、燃え残った大ぶりの短さを競うものだった、とも。

一時間ほどで火の祭典が終わると、子供たちは、

〽国は近江のーオイ
石山ゲンゼー
ハラ　ヨーイヨイ

と「十五夜口説き」を歌いながら山を下りる。どの子も自分のカヤ束をかぶるように背負っている。もう公民館前は子供たちを迎える黒山の人だかりだ。

隊列は公民館入り口でストップ。五、六人がかりでかかえた一番ガヤを先頭に七番ガヤまで次々庭に運んだ。「かつて一番ガヤをかつぐのは名誉だった」と竹内魁公民館長。ついで子供たちが一人一人、元気よく自分の名前を名乗って「ホンニョイ!」の掛け声を発して坂を一気にかけのぼり、盛んな拍手を浴びた。

カヤ引き終了後、なぜ火とぼしをするのか、はっきりしない。ただ、十五夜綱は神聖なものなので、火でカヤを清浄するのかもしれない。火の粉をかぶった子供は病気をしない、と言い伝えられているからだ。

十五夜当日(二十九日)夕、子供たちは提灯を先頭に、「口説き」を歌いながら小路《こすじ》まわり。そのあと、大人たちの加勢をもらいながら青年組と綱を引き、綱が三度切れるまで引き合った。名月が中天に

かかるころ、カヤ縄で地面に「月の輪」を作り、来る年の豊作を祈った。

【令和のいま】

存在している。しかし、少子化で子供だけではできなくなった。相撲はなくなった。（南さつま市教委）

43

十五夜ソラヨイ

知覧町（現・南九州市）山下

四股踏み豊作願う

鹿児島の十五夜行事ほど多彩で地域の特性あふれる民俗行事はない。十五夜（ことしは九月二十九日）に綱引きをするのは南九州の特徴だし、これには必ず相撲が伴う。一概に綱引きといっても、競技化したものだけでなく、集落内の「綱引きずり」を重視する所もある。その綱も竜に似た立派なものである。前回の坊津町上ノ坊のように火祭りが欠かせなかったり、綱引きの現場に牛の張り子まで出現（串良町中山）するバラエティーぶりだ。

今はかなり簡略化しているが、かつては八朔《はっさく》（旧暦八月一日）から十五夜の綱引き準備を始め、相撲のけいこをした。しかも祭りの主役は子供たちで、何歳の子は何をする、といった年齢階梯《かいてい》制が確立していた。南九州の農耕民にとって十五夜は、何よりも重要な祭り日だったようだ。

その中でも知覧町の十五夜行事は「ソラヨイ」という民俗芸能の発生を示唆する原初的な芸能の一つで、国の重要無形民俗文化財に指定されている。同町の中央部を中心に、今も十五カ所ほどの集落で盛んに行われており、その中で山下《やまげ》の「ソラヨイ」を見学した。

山下は同町の北東部、上ノ町、堤之原、山仁田の三集落で構成する百十九戸の純農村。十五夜行事は堤之原公民館前広場で行われた。広場には、すでに直径約二十センチ、長さ約三十メートルの綱のシンになるカンネンカズラが練られ、丸く黒々とトグロを巻いていた。このカズラは一週間前に刈り取り練ったが、これにワラを練り合わせる。

〽今晩来んと　麦ワラが一ッパ（束）
テーマ（薪）一ッパ

「ヨイヤー、ヨイ」と土俵の周りで四股を踏む〝子供神〟

と集落内を触れ回る。すると、老若男女が三々五々集まる。その数約二百人。そこでお父さんたちが、高さ約五メートルの竹のヤグラにカズラ束をかけ、約一時間がかりでこれにワラを練っていく。「昔はキンチク竹をシンに入れたので、綱の太さは大人の一抱えもあった」と永崎通十五夜行事保存会長。綱が練り上がると、道路に引き出して月明かりの下、ワッショイ、ワッショイ綱引き。かつては負けそうになると青年たちが綱を切って川に捨てたりするものだったという。

この後、子供たち二十人は公民館に戻り、ソラヨイ姿に扮装、ワラを敷きつめた土俵を囲む。小学低学年はワラ製のヨイヨイ笠だけ。同高学年は笠とタレ（みの）姿。中学生はさらにワラばかま姿。いずれも老人クラブの手ほどきで子供たちが作ったものだ。

最初、無言で土俵を回る。竹元義之君（一五）ら十四カシタ（頭）が「ヨイヤー」と声をかける。すると、泊浩一郎君（一〇）らは「サァー、ヨイヤーヨイ」と声を上げ、両手をヒザに置き四股《しこ》を踏む。十四カシタが「ヨイヤー、シッ」というと、黙って四股を踏む。こうした動作がしばらく続く。四股を踏むたびに笠の頂の〝マゲ〟が左右、上下に揺れる。淡い月光に浮かぶ異様な子供たちの姿は神々しくさえ感じられる。

それもそのはず、子供たちはすでに神に扮しているのだ。四股を踏むのは、土地を踏みしずめて、豊作に感謝し、来る年も作物がよく実る豊かな土地にさせる呪術の一つだといわれる。

このあと相撲が始まった。ソラヨイが相撲の直前に行われる点が注目される。笠と腰ミノをつけた子供たちが四股を踏む姿は、日本の相撲の原型を思わせるからだ。ソラヨイは相撲の祖形であり、古い農耕儀礼と信仰の姿を今にとどめているのである。

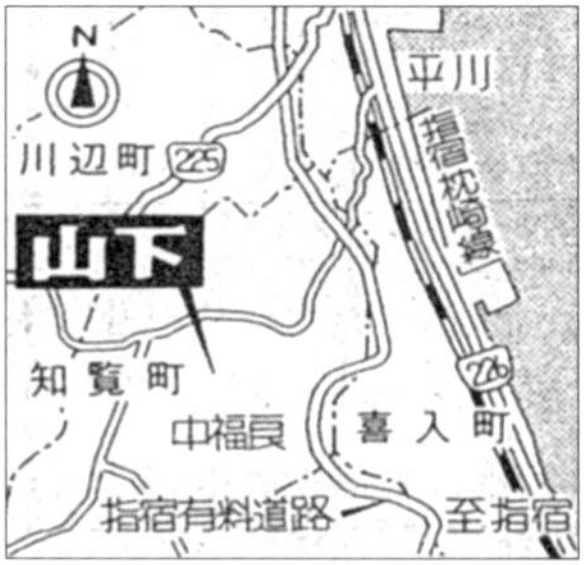

【令和のいま】

現在も継続。ただし集落によっては伝承途絶。少子化のため、踊り手の児童が集まらず、地域によっては女子児童も踊り手となっている。以前はフンドシの腰ミノ姿であったが、現在は体操服や私服に腰ミノ姿である。（南九州市教委）

44 オナンコ

東郷町（現・薩摩川内市）山田平木

主婦もてなす〝主夫〟

春秋の彼岸のころ、女たちが集まって飲食歌舞を楽しむ女講は、南薩から北薩、さらに始良西部まで広く分布している。ところが東郷町山田の平木、内野、山口の三集落の「オナンコ（女講）」は一風変わっている。日ごろ家事や育児、農作業に追われている主婦が、一日だけ女装した〝主夫〟

のもてなしを受け、つかの間の亭主気分を満喫するのだ。十月十三日行われた平木（二十八戸）のオナン講を訪ねた。

平木は町中心部の北東部、車で十二、三分の宮之城町境の山あいにある集落。純農村だが、近年、ミカンどころとして知られている。

講宿は輪番制で、ことしの座元は農業、平木義徳さん（四三）。奥さんたちをもてなすのは、座元、前年と来年の座元の役目。つまり、ことしは義徳さんと的場久徳さん（四一）、平木美次さん（五六）の三人だ。義徳さん宅では、朝七時から地鶏十七羽をつぶし、鶏刺しや鶏肉入りの煮しめ作りに大わらわ。近所の主婦十人も助っ人を買って出、里イモの田楽や吸い物、酢の物作りに腕をふるった。

料理の準備がすっかり整うと、的場さんと平木美次さんは女装にとりかかった。二人は照れながら鏡台の前に座る。的場浩子さん（四二）ら三人の主婦が白粉《おしろい》をうなじまで塗り、紅をさし、ヘアピースをつける。「男ん衆は肌が粗かで化粧がのらんが、夕べウッカタにマッサージ

「お世話さあごわした」武骨な手で酌をして回る的場さん

してもらえばよかったとに――」と浩子さん。二人は時々鏡をのぞき、変身した己の顔にびっくり、もう大照れのテイ。さらに奥さんの着物をつけ、帯をしめてもらって〝よか嫁女〟が誕生した。

秋の夜のとばりがおりたころ、奥さんたちが足取りも軽く座元に集まってきた。正面に座すのは新参の奥さんで、ことしは島根県出身の中村和子さん（二八）。他の奥さんたちは、中村さんを中心にコの字形に陣取る。奥さんたちの前には、三人の男衆が心を込めて作った料理膳がおいしそうだ。ころあいを見て座元の義徳さんが「日ごろの苦労を忘れて、今晩は大いに食べ、飲んで下さい」とあいさつ。

いよいよ〝女装の麗人〟が焼酎の入ったカラカラを持ってしなしなと登場。上座から順に、一人ひとりの前に正座、深々と三つ指をついて「ご苦労さあごわした。さ、さあ一つ」と武骨な手で酌をし、料理を勧めて回る。

奥さんたちは「んまあ、よか嫁女が来やったが」「べっぴんさんにないやしたなあ」などにぎやかにヤジを飛ばし破顔一笑、座が一気にくだける。このころ他の亭主たちも二本くくりの焼酎を携えて「よか晩じゃが」と顔を見せ、下座に陣取る。

座が盛り上がったところで、座元を先頭に女装の二人が、三味・太鼓に合わせて「ハンヤ節」の手踊り。奥さんたちの手拍子に大ハッスル、的場さんらはスソも乱れて真っ赤な腰巻がチラリ、チラリ。「まあ、色っぽか！　ホレボレすっど」「ゲイバーに行ったごあっ」と声が飛び、また爆笑。あとは男女入り乱れての舞やカラオケ大会。奥さんたちは、稲刈りやミカン摘みの農繁期を目前に、しばしハメをはずしてほんのり顔を赤らめ、心ゆくまで無礼講を楽しんだ。

この講は江戸時代から始まったといわれる。南薩などの彼岸講は今も宗教色が濃いが、山田のそれは慰安的要素が強いのが特徴。山田の周辺でも女装した青年を頼んで接待役をさせたり、女講に青年たちが自ら変装して踊り、女たちから酒を振る舞われる風習があった。山田平木もかつては信仰的な講だったが、時代とともにその意識が薄れ、余興の面白さから後年、現在のような意義付けが加わったのだろう。

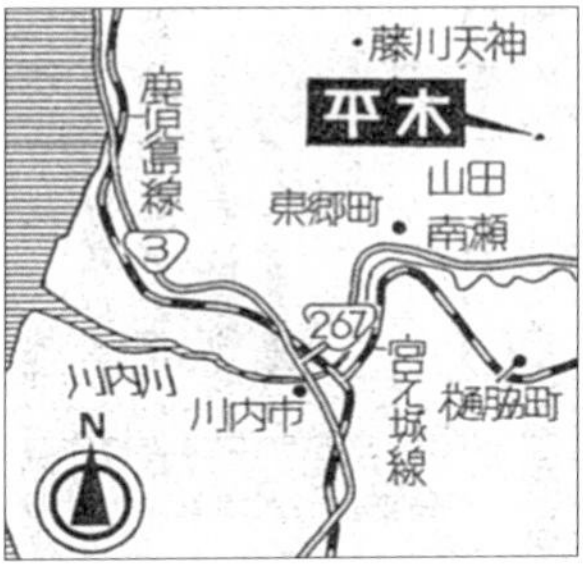

【令和のいま】
存続してない。二〇〇五（平成十七）年十一月を最後に、ご婦人方の寄り合い食事会になっている。取材などの対応が多くなり、気遣いが増えたことも考えられる。（薩摩川内市教委）

45 大隅八月踊り

高山町（現・肝付町）波見

黒覆面で優雅な舞

「八月踊り」といえば奄美の島々を思い出すが、肝付川流域でも旧暦八月に「八月踊り」が伝承

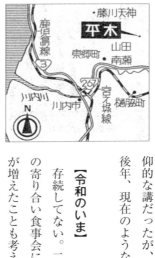

されている。両地域とも「豊年感謝祭」で奉納される点では共通するが、大隅のそれは「水神祭」とセットになっているのが特徴だ。

大隅の水神祭と八月踊り（水神祭、川踊りと呼ぶ地区もある）は、肝付川じり左岸の東串良町唐仁（一日）を皮切りに、連日流域のどこかで踊られ、二十八日（ことしは新暦十月十二日）の高山町波見のそれで終わる。祭り日はどこも昼間、集落の水神碑前で水神祭を行い、フラク（法楽）という鉦《かね》・小太鼓の楽を奏し、夜は八月踊りを踊る点では共通するのが特徴だ。

大隅八月踊りのしんがりを務める高山町波見浦町（六十戸）を訪ねた。波見は昭和初期まで商港で、上方との交易で栄えた。浦町は文字通り漁家と商家の集落だが、も

アラビアのチャドリを思わせる変装で優雅に舞う婦人ら

う昔日の面影はない。秋の日が高隈の山稜に傾き始めたころ、ムラに鉦と太鼓の音が響き渡る。すると、家々から人々がササ竹に五色の短冊をつるしたヒロヒロとコメ、塩、焼酎を携えて集まってくる。鉦、太鼓を先頭に集落西の田んぼの中にあるスジンバイ（水神原）をめざす。波打つ黄色のあぜ道を、約四十本の五色のヒロヒロをなびかせながら進む五十人ほどの行列は詩情豊かな光景だ。

めざすスジンバイには、目通り一メートルほどのハマヒサカキの低い古木があり、その根元に一対の水神祠《ほこら》が鎮座している。老若男女はここにヒロヒロを立て、コメと塩を供え、焼酎をふりかけて「ことしも実りの水をありがとう」と水神さあに感謝の祈りをささげた。入れかわり立ちかわり焼酎を垂れ拝むので、辺りはプーンと焼酎のにおいが鼻をつき、その雑踏ぶりは、種子島・広田の石塔祭り（八月十五日）の雰囲気を思わせる。

一通り参拝がすむと、鉦と太鼓に合わせ、白石ユミさん（六八）ら五人の老女が、八月踊りのさわりを披露した。かつて波見にもフラクがあったであろうが、もうだれも知らない。大隅の水神祭には鉦がつきもの。水神さあはよほど鉦の音が好きと見える。

さて、八月踊りはスジンバイ近くの広場で午後七時半から始まった。広場中央には障子つきの立派な山車風のヤグラが組まれている。このヤグラは奄美の八月踊りにはないものだ。

三味、太鼓の楽が流れると、踊りの輪ができた。川崎悦子さん（一一）＝波野小五年＝ら娘たちは晴れ着姿だが、柏原ツミさん（七四）ら既婚者は、浴衣に黒紋付き、黒いオコソずきんに白はちまき。しかもオコソは目の所だけ細く開け、腹部まで垂らした黒覆面姿。まるでアラビアのチャドリを思わせる異様な雰囲気だ。なぜ顔をオコソで隠すのか知る人はいないが、神の前で汚れを隠すのかもしれない。

踊りは「出羽」を皮切りに「五尺くり」「おはま万嬢」など十五種ある。「五尺くり」は、

〽五尺てぬぐい　中染め分けた
　染めも染めたよ　紫に

と、江戸時代に流布した七五七五調だ。踊りのテンポはかなりスロー。挙げて開いた手を内側に折りまげる所作が特徴で、奄美八月踊りの神を招く所作にも通じる。しかし、奄美のそれがリズミカルで情熱的な踊りなのに対し、波見のそれは洗練された優雅な舞。座敷舞をもほうふつさせ、上方ムードさえ漂わせている。

八番踊り終えると、中上がり（休憩）。それまでは決して男は踊りの輪に入れない掟《おきて》がある。それだけに踊り再開の「おうぎ踊り」からは、一杯機嫌のお父さんたちも加わり、無礼講で夜遅くまで踊りフィーバーにわいた。

【令和のいま】
現在も実施。ヤグラは組まなくなっており、踊りも七、八曲はテープで流している。（肝付町教委）

46

ハマガン

大和村大金久

海の安全、豊漁祈る

奄美大島の大和村で、旧暦九月九日（ことしは新暦十月二十二日）朝、主婦たちが浜に下り、ノロ（祝女）を中心に一年の願直し、願立てをする「ハマガン（浜願い）」の行事が、いまも生きている。海辺の村々の中でも大金久は特に盛んだ。

浜で海の安全、豊漁を祈るノロ役の前田ヤスエさん

名瀬市から西海岸を南下、幾重もうねる岬を回って車で約四十分。東シナ海が開け、半円状のリーフに囲まれた浜辺に、十人ほどの主婦たちの輪が三つできており、もうハマガンの行事が始まっていた。間に合うかとあせっていた記者はホッと安どした。

実は、当初、同村大棚のハマガンを取材する予定で、事前に親ノロさんに連絡していた。ハマガンは早朝に行うと聞いていたが、祭り主のノロさんは「午前十時から」と言い張った。それでも気になるので、念のため指定時間の一時間前に大棚に着いた。やはり不安は的中した。文字通り後の祭りだった。大金久ならまだ間に合うかもしれない、と車を飛ばしたのだ。

浜に陣取った三集団のうち南端のグループに、取材の趣旨とその日の事情を説明した。あまりいい顔はしなかったが、写真撮影だけは黙認してくれた。

ハマガンをする主婦たちは、ミズネガミ（壬神《みずのえ》）をまつる人たちだ。本人たちはこれを「水の神」と意識している。この神を拝む女性たちは、母親から伝承された人、伝承されなくとも病気や家庭に不幸があったりしてユタ（民間巫者《ふしゃ》）から拝むように言われた人たち。この婦人たちは年六度、六十日ごとに回ってくる癸酉《みずのととり》の早朝、川の上流の決まった場所で、手を洗い、口をそそぎ、清流に浸したススキの葉先を頭や肩にふり、清める水祭りをする。

ハマガンはこの人たちにとって大切な祭事。実質的な取材拒否の姿勢は、こうした特定の人たちの宗教色濃い行事だからだろう。

ノロ役の前田ヤスエさん（七〇）を中心に八人の主婦たちが向き合う。白いノロ衣の前田さんは、浜砂を盛り、この上に参加者の家族の数だけ線香を立て、海に向かって手をすり合わせてモグモグと口の中で唱え言をして拝む。そして盛った浜砂にミキ（米の粉と、すりおろした生カンショでつくった甘酒ようの白い発酵液）を注ぐ。他の主婦たちも自宅から持ってきたおわんのミキを垂らす。これがガンノウシ（願直し）で、男たちが航海安全で、漁も豊かだったことに感謝するのだという。

ガンノウシが終わると、前田さんはすぐ、来る年も航海安全で豊漁であるようガンタテ（願立て）

をした。まつりの所作はガンノウシと同じように進む。ただ違う点は、砂盛りにミキを注ぐ代わりに焼酎をかけることだ。

神事がおわると、主婦たちは持参したシュウケ（祝い膳）を開く。とりたての里芋を中心に、から揚げ、かまぼこなど自慢の料理が重箱にぎっしり。これをつつき合い、浜風に吹かれながら、しばし談笑する。空はどんより曇り、南島の風も心なしかひんやりする。山々には淡白いフヨウの花が満開。もうミーニシ（新北西風）の季節だ。

大金久や大棚では親ノロやその代理を中心に、ヒキ（血族集団）ごとにまつるのが慣例だが、同村北東部の国直では、この集団祭事が崩れ、家単位のまつりになっている。そういえば大棚の浜では、大金久出身の永島のぶ代さん（六〇）が娘と孫の三人だけで浜に下り、ハマガンをしていた。

この日、沖縄では、あちこちのウガンジョ（拝所）を巡拝して旅行者の安全を祈願する風習があるという。琉球や奄美では、ウナリ（姉妹）神信仰といって、ウナリはエーリ（兄弟）の守り神だと信じられている。ハマガンは、エーリを思う女たちのやさしい心がにじんでいた。

【令和のいま】

以前のように家族単位で行っている集落はないが、個人で浜に下り自分の家族の一年間の願直し、願立てをしている方はいる。料理などは持参せず、砂浜に線香を立てて拝む。また、高齢の女性は自宅の庭に砂を盛り、線香を立て、横には杯のお酒を入れて家族の願直し・願立てを行っている方もいる。なお、名音集落の七十代のノロさんは鹿児島市在住だが「祖母、母と代々続けているので、自分の健康が許す限り集落の〝願立て〟の祈願は続けていくつもり」と話していた。（大和村教委）

47 小十五夜

吾平町（現・鹿屋市）名主

竜神に豊作を感謝

大隅南部では旧暦八月十五日と旧暦九月十三日の二回「十五夜行事」を行う集落が多かった。一般に九月十三夜を「小十五夜」と呼んでいる。最近は、八月十五夜に吸収され、もう小十五夜はあまり見かけなくなった。ところが吾平町名主では「昔から八月十五夜行事はなく、小十五夜だけ盛大に行っている」＝中名主光夫さん（六〇）＝と聞いた。

名主（六十五戸）は町の北端、鹿屋市境の農村。ことしの十三夜は十月二十六日だったが、あいにくの雨天で、翌二十七日夜に行われた。

下名西地区公民館の前庭隅には綱がトグロを巻いており、前にクリやアワ、稲、ススキが供えてある。この綱は長さ三十三メートル（昔は三十三ひろ、約五十メートル）もあり、ロープをシンに、子供たちが各戸から集めた新ワラを練ったもの。「十数年前までシンはカンネンカズラじゃしたどん、採取の人手が足らんもんじゃって、ロープに代えもした」と、中名主さん。昔は綱を練り終わると小十五夜当日まで、綱の上を人がまたぎ越さないよう見張り番をつけた。「特に女がこの綱を踏んだり、越したりすると、綱が切れると、忌み嫌われた」という。

全員で十三夜の綱を引きずり、秋の実りに感謝する名主の人たち

月が淡く夜空を包むころ、綱起こしが始まった。老若男女約二百人が、約五十センチ間隔に付けた引き綱を握る。お父さんたちは白手ぬぐいを二重に折って頭に乗せ、後ろで結ぶ独特なかぶりもの、お母さんたちはあねさんかぶり。かつて子供たちは、白シャツに白鉢巻き姿だった。

〽さらば　東西始まりまする
　われは本国　田舎のものよ……

古老の「小十五夜綱引き歌」が朗々と響き、全員引き綱を上下に揺すりながら進み、綱をのばす。直進ではない。ジグザグに進む。縄が上下、左右にくねるさまは蛇行を思わせる。

「綱引きの綱は竜神の具現だ」とは鹿児島市の民俗研究家、小野重朗さんの説。竜神はすなわち水神。水神である竜は、大地に豊かな実りを約束する雨を降らせ、収穫がすんで水のいらなくなった秋に、竜神の故郷である海に帰っていく。その帰途、集落を回って、人々に別れを告げる。一方、人々は恵みの雨をさずけてくれた竜神に感謝し、別れを惜しむのだ――と説く。自然を神として畏敬し、自然に逆らわない祖先たちの心情がにじむ話だ。この日、名主の役員たちは水辺に立つ水神祠《ほこら》でおまつりをすませている。

綱は公民館の庭に長々と横たわって、いよいよ綱引き。最初は子供対青壮年。子供組には女性の援軍がつく。青壮年組が「アンネー」と叫ぶと、子供組が「ヨー」とこたえる。綱の中心部は急に太くなっており直径四十センチもある。ここに十五カシタ（頭）の松元純也君（吾平中二年）がまたがっている。

〽綱に取り付けー
　ハシとやれー　エンヤ　トヤ

古老のかけ声で一斉に綱を引く。しばらく一進一退が続き、綱は東の方にズルズル。道広祐介君（九つ）＝下名小三年＝らが「やった！」と歓声を上げた。このあと母対子、字《あざ》対抗など五戦が繰り広げられた。

綱引きの後は、綱を丸めて輪を作り、中に新ワラを敷いて土俵作り。鹿児島の十五夜に相撲はつきものだが、綱引きした綱で土俵を作るのは、より古い習俗を今日にとどめるとともに、相撲のルーツをも示唆している。

この土俵上で子供たちの男女対抗戦や夫婦相撲などの取組が続く。「それ押せ」「女の子に負くんな」「母ちゃんガンバレ」の声援が続き、夜遅くまで歓声でわいた。


【令和のいま】

途絶えている。二〇〇五（平成十七）年ごろ地域行事・学校行事・少年団活動の増大により、子供たちは多数いるのだが、町内会と子供会育成会の話し合いにより、「十三夜」は中止することになった。（鹿屋市教委）

48

カネサル祭り

名瀬市（現・奄美市）小湊

カサムチで悪霊払い

悪霊払いのカサムチを作る主婦たち

カネサルとは庚申《かのえさる》の意味で、旧暦十月の庚申の日（ことしは新暦十一月十七日）、奄美大島とその属島の加計呂麻、請、与路の三島に限って「カネサル祭り」が伝承されている。いま祭りの形態は集落によって異なるが、名瀬市小湊の「カネサル祭り」を訪ねた。

小湊は名瀬市街地から東へ朝戸峠を越えて車で約三十分、太平洋に面した二百七十戸の古い漁村。集落の海岸寄りにある墓地は、早朝から線香の煙がくゆり、墓参の人たちでにぎわっていた。その中に直径三メートルほどの大きなドーム形の墓があり、人々はそれぞれの墓に参ったあと、ここの墓参も欠かさない。

ドーム状のこの墓は「モーヤ」といい、それぞれナーマゴ（仲間講）、ホーロゴ（保呂講）、ハータリゴ（赤中講）

と呼び、同族的な集団でまつる。かつてはサンゴ石の古い積石墓で、先祖たちの頭蓋骨がぎっしり詰まっているのが外からも見えたが「三十年ほど前にコンクリートで覆ってしまった」と奥江千雄区長（六九）。モーヤは、幕末の薩摩藩のお由良騒動で奄美大島に流された薩摩藩士・名越左源太《なごやさげんた》が書いた『南島雑話』に出て来る「トホロ」と同じようなものだろう。『南島雑話』によると、古くは人が死ぬと棺桶に納め、崖や洞穴に風葬するが、三年忌が終わると洗骨し、祖先の骨と一緒のトホロの中に納めるという。

民俗学研究家の小野重朗さんの報告だと、ナーマゴは小湊を開いた兄妹のウナリ（妹）を、ホーロゴはエーリ（兄）の方を祖先とし、ハータリゴは移住者を祖先とした人々の集まりだというが、もうその由来を知る人を探しだせなかった。

墓参がすむと、奥さんたちはカシャムチ（シャニンの葉でくるんだ黒糖入りの奄美独特のダンゴ）作りに精出す。藤枝ツギさん（七六）宅をのぞくと、カシャムチ作りの最中だった。妹の井端セスチヨさん（六七）や隣の小元ズッキさん（八二）も加わって、餅つき器にコメの粉と黒糖、ゆでたヨモギを入れてこねる。程よくこね上がると、シャニンの葉にくるみ、せいろで蒸すと、シャニンの葉のかおりがほのかに漂う。もう南の島にもニシ（北風）が吹く初冬だというのに、庭のクロトンは鮮やかな原色の葉を揺らし、隣家のアコウの樹上ではヒヨドリがピー、ピーとかん高い鳴き声をあげている。

一方、ホーロゴの講元・田畑丸治さん（六〇）宅では講員のお父さんたちが早くも祝宴を楽しんでいた。かつて十三歳と二十歳の青少年はシュケ・アタリ（料理当番）と決まっていたが、いまは該当者が少なく、講員一人三百円の会費で賄っている。

夜はムチモレ（もちもらい）。大人も子供も変装して家々を回ってサンシン（蛇皮線）のリズムに乗って六調を踊りまくり、祝儀をもらって回った。

「カネサルの日はアクビ（悪日）で邪霊が現れる日なので、山や海に行かず、先祖を祀って身をつつしむ日」だと奥江区長らはいう。つまり、本土の山の神信仰と一脈通じる信仰である。二十年ほど前、この禁を破って出漁した小湊の漁師の船が遭難した話が、いまもささやかれているほどだ。

この日は必ずカシャムチを食べなければならない、とも聞いた。また米原千納さん（七三）は「昭和十年ごろまでは、この日、講ごとに豚を殺し、みんなで食べた」と語る。「隣の西仲勝では、集落入り口にブタの頭蓋骨をぶら下げていたようだ」という古老もいた。そして「食べたカシャムチのカシャは、投げ捨てて悪魔払いするものだった」（奥江区長）とも。

話を聞きながら、幕末に奄美に流島された名越左源太が書いた『南島雑話』に出てくる「島ガタメの図」が浮かんだ。「島ガタメ」とはノロが儀式後、ムラ外れの木に牛の腰骨や足骨をぶら下げ悪霊の侵入を阻止する風習だ。かつては牛の肉は集落民全員で食べたらしい。牛の肉には災厄から身を守る不思議な力があると信じられたのだ。しかし、この牛の肉も明治年代を境に、牛の肉から豚肉に、そしてカシャムチに転換した（小野重朗『奄美民俗文化の研究』）。

いま小湊のカネサル祭りは、厄除けよりも祖霊祭の色彩が強い。だが、かつては悪霊（山の神）

払いが主で、悪霊の集落内侵入を阻止し、全員が肉を食って島ガタメしたのだろう。豚を殺すのは「いけにえ」に由来するのかもしれない。その後、豚肉にかわってカシャムチを共食して力を得、悪霊の危害から逃れたのだろうか。

【令和のいま】
新聞に掲載されたようなカネサル餅（カシャ餅）を作る方が非常に少なくなり、市販のお菓子、ジュースが多くなってきた。餅をサネン葉で巻いたものは少ない。学校も協力してくれるが、過疎化や少子高齢化は深刻な問題になっている。（奄美市教委）

49 カッサドッ

喜入町（現・鹿児島市）帖地

作の神に収穫感謝

子供たちの旧暦十月亥《い》の日の民俗行事「カッサドッ」が十一月二十日、喜入町帖地で行われた。「カッサドッ」とは耳慣れない言葉だが、帖地貞蔵さん（七二）が「カッサは稲束を千歯こぎですいて、なお残ったモミ殻のことだ」と教えた。「トッ」はトキ（時または斎《とき》）の方言で、季節の節目の小さな祭事の意味。つまり、カッサドッは稲の収穫や脱穀がすんだころに行う農耕祭事ということになる。錦江湾沿いの生見から西へ約二キロ、山の中腹に抱かれた集落（七十五戸）が帖地。八割が帖地姓で、平家落人伝説も残る純農村だ。

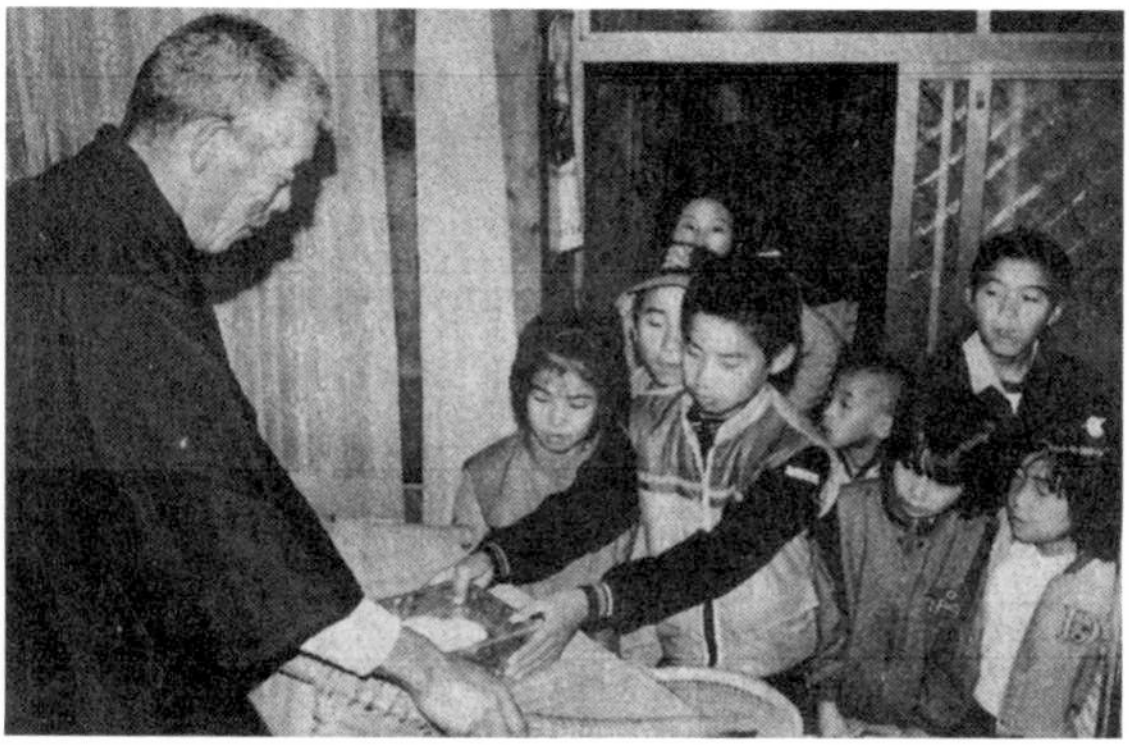
家の主人から餅をもらう子供たち

子供たちは午前五時に集合。「カッサドッじゃろ」と一軒一軒ふれ回る。すると各家庭では「きょうはカッサドッじゃっで、餅つかんなら」と、思い思いに新米で餅つきを始める。つき上がった鏡餅の中から最初の臼でついた三個を選び、一升マスに納め、さらに箕《み》に入れて、床の間に供えておく。

午後七時、小、中学生十四人が公民館に集まった。かつては男児だけの行事だったが、子供の数が減って十年ほど前から女の子も参加している。いよいよ餅もらいだ。十四二才《にせ》の帖地啓介君（喜入中一年）をリーダーに二手に分かれて出発。

帖地正行さん（五五）宅の玄関口に立った子供たちは「カッサドッの餅下さい」と叫ぶ。すると、正行さんは床の間に供えた箕《み》を持ってきて「今年はよかコメができた。

来年も頼んもんど」と、お礼を述べ、一升マスの餅を差し出す。子供たちは「あいがとごわした」と、この餅をもらい、次の家へと急いだ。この間、世話役のお父さん、お母さんたちは、公民館のいろりを囲み、世間話をしながら子供たちの帰りを待つ。小一時間もすると、大きなバラいっぱいの餅を抱えて子供たちが帰ってきた。たちまち百数十個の鏡餅の山ができている。

子供会育成会長の帖地和子さん（四五）の指導で啓介君が、餅の山からとびっきり見事な鏡餅三個を選び、用意したワラットにモミガラと一緒に詰め込む。帖地真奈美ちゃん（六つ）らは、この姿を物珍しげにのぞき込んでいる。

「さあ、行っど」。啓介君にうながされて、子供たちは錦江湾を見下ろす墓地近くに行く。啓介君は近くのイチョウの木に登り、餅入りのワラットをぶら下げる。他の子供たちは四方に散らばる。啓介君が「ツトが見えたか。見えたら来い」と叫ぶ。他の子供たちは「見えたぞ」といい、イチョウの木の元にかけ寄る。本来、このツト掛けは翌早朝に行うが、「子供たちも疲れ気味なので、この夜に引き寄せた」と和子さん。このあと、再び公民館に戻り、集めた餅を全員で分配した。

子供たちの不思議な行動は何を意味するのだろうか。帖地では、この日の子供たちを「トッノカン」（時の神）と呼ぶのだという。つまり、子供たちは神の代役を務めているのだ。では、これは何の祭りなのだろう。亥の日に行う、餅を供え、子供神に収穫感謝の言葉を述べる——南九州に広く分布している田の神信仰と相通じる共通点が見られる。

餅をもらった子供神たちが四方に散って、その後集合する所作は他にない。これらの特徴から民俗研究家の小野重朗さんは「子供たちは田畑の神となって、それぞれの収穫を終えた田畑から出発して集まり、家々からもらった餅のツトを持って帰って行くことを示している」（『鹿児島歳時十二月』）と見ている。カッサドッは古い農耕信仰に由来しているのは間違いなさそうだ。

【令和のいま】

帖地集落では子供たちが一人もいないために消滅。現在は近くの生見・森満集落が合同で行っている。各家庭から餅をもらって公民館に持ち寄るところまでは子供たちがするが、その後のツト掛けは育成会の保護者の方が行っている。生見・森満集落は伊勢神社に、田貫集落はえびす神社にツト掛けをする。以前は吉見集落もあったそうだ。（鹿児島市教委・生見小）

50 オッドン・モー 豊作祝う牛神・月神

枕崎市田布川

枕崎市田布川に旧暦十月十四日夜（ことしは新暦十一月二十五日）男の子たちの「オッドン・

モー」という珍しい民俗行事が残っていた。

オッツドンは「月殿」で、お月さまという意味。モーは文字通り牛の鳴き声で、月神と牛神の双方に深く関連した行事だ。

田の神にオツッドンの餅を供える子供たち

田布川（二百二十五戸）は、枕崎市北端の加世田市境。平家の落人伝説をもつ古い農業集落で、藩制時代から有園、上園、大園、沖園、神門、上迫、下迫の七つの門《かど》にわかれている。オッツドン・モーは、いまもこの門ごとに行っている。

田布川ではこの日、どの家でも餅をつく。最初の臼《うす》でついた餅を「オッツドン餅」といい、他の餅とは別にする。学校から帰ってきた子供たちは、落日を待ちかねて、自分たちの属する門の全戸を回り、オッツドン餅をもらい歩く。上園道則さん（六九）は「昔は一戸当たり餅九個と決まっていた。それを集めると、もう大変な量で、分配して食べるのが何よりの楽しみでした」と、自身の少年時代の思い出を懐かしむ。現在は一戸当たり一個になっている。

上園門は上園健君（一五）＝桜山中三年＝を頭に、十数人の子供たちが餅をもらい集め、防火水槽のフタの上に並べて皆満足げ。そして家から持ってきたワラットに一個ずつオツッドンの餅を入れ、集落西端の田の神さあの方へ走っていく。

田の神石像は高さ約七十センチ。笠をかぶり、クワを持ってメシゲをかざし、ハスの台に鎮座している。すでに他の門の子供が〝お参り〟したらしく、田の神さあは肩にワラットを下げている。上園の子供たちも、田の神さあに一つワラットを供え、残りのワラットは、近くの木に投げかける。そして、防火水槽に引き返して、そこでもらった餅を平等に分配した。上園道則さんによると、女の子は、このオツッドンの餅は食べられない。もし食べると、言葉の不自由な子供が生まれると信じられているからだ。

現在はこれで行事が終了するが、上園さんの話や民俗学研究家の小野重朗さんの調査によると、今かなり簡略化されているようだ。かつては門ごとに共有田があり、田のあぜにオツッドンの神を祀っていた。この神体は丸い石数個で、日ごろは土に埋めている。この日、これを掘り出して並べ、その前に土の階段（参道）を作って、割り竹で小さな鳥居を立てた祭壇を作る。そしてもらった餅の入ったワラットをたくさん供える。子供たちはこのオツッドンを囲んで、

〽オツッドン　モー
一升蒔《ま》き十三俵あれ

と唱える。さらに十歳の子二人が出て、一つのオッツドン餅を双方が口にくわえて引き合い、引き切る。この間、他の子供たちは、「モー、モー」と牛の鳴き声ではやしたてる。その後、田の神参りをするものだった。この部分は、河川改修で神体の石が不明になったこともあって、六年ほど前から行われなくなった。

子供たちが、旧暦亥《い》の日に餅を供えて、牛神そのものになって鳴き声をたて、餅をくわえて引き合い、豊作を祝福する民俗行事は、田布川の東にある下園集落や笠沙町黒瀬、加世田市内山田など南薩西部の周辺部に点々と残っている。ところが田布川では、この牛神とオッツドン（月神）の二神が一体になっている異色な民俗になっている。牛神、月神ともに原始農耕の神々として知られている。「オッツドン・モー」は、田の神信仰よりもっと古めかしい、素朴な農耕民の神観念すらほうふつさせる行事だ。

【令和のいま】
現在は実施されていない。一部地域住民により活動再開の兆しあり。
（枕崎市教委）

51

山ン神祭り

長島町小浜

なます食べ豊作感謝

山ン神の分身になった江口さんらが神木のワラツトを供える

日本列島が大寒波に覆われた十二月十六日、長島町小浜で「山ン神祭り」がにぎやかに行われた。

山ン神の祖形は、猟師や山仕事に従事する男たちの守護神だが、時代とともに神々は山を下り、畑の神、田の神へその性格を変えている。小浜のそれも、山中生活者の守護神の残影を見せながら、作の神としての役割が強く意識されている。祭り日は霜月の丑《うし》、申《さる》の日のうち、早くきた日に行う。

小浜（百十二戸）には元山と村山の二つの山ン神がある。元山を祀るのは一班の十六戸と決まっており、村山は青年団（今は残り四班の持ち回り）が祀っている。

今年の元山の座元の町田徹さん（四二）宅。午後二時、講員で神事。床の間には大根、ニンジン、ワラツトに入ったシトギ、子供の頭ほどもある赤飯のおにぎり二十個、塩とコメの盛りなどを供えている。

講員の町口実さん（六六）によると、シトギは小鳥の起き出す前に臼でつくものだという。

唯一の海の幸のキビナゴの入ったサラも見える。山ン神はオコゼが好きだ、との言い伝えがある。小浜ではどの魚を供えてもいいが「イワシだけは供えてはならない」（町口さん）。「イワシはヒレ数が足りないから」が理由。迫口トキエさん（五九）ら主婦も列席、玉串をささげた。もともと、山の神は女神で同性を嫌うと信じられていた。小浜でもかつて、この日の料理もすべて男が作り、女は祭りに一切タッチできなかったが、もうこの忌避も薄れた。

神事のあと、代表三人が小浜川沿いの山ン神へ。ご神体はカシの木で、ここにシトギなど供えたあと、三人は「山くるめぞーい」と三回大声で叫ぶ。この声を聞いた山や畑にいる村人は、仕事を切り上げて帰る。この禁を破ると、山の神の怒りにふれ、難にあうという。さらに三人は、木にシメを張りながら「一回り半、二回り半……」と七回り半まで大声で叫ぶ。だが、実際は一回半まいただけだ。「山ン神は耳が遠く、眼が悪いので、だましている」と町口さん。

このあと講員は町田さん宅に戻り、キビナゴ入りなますなどを肴《さかな》に酒宴を楽しむ。なますは山ン神祭りに欠かせない料理だ。間もなく村山の使者、江口紀文さん（四一）がコメ一升（一・八リットル）とご祝儀を持ってシメをもらいに来訪。だが、講員は「まあ、まあ」と焼酎をすすめてなかなかシメを渡さない。そのうち講員の一人が、江口さんの顔にヘグロをべっとり塗り込む。さらに、シベにご幣をぶら下げた冠を江口さんにかぶせる。これで江口さんは山の神の分身になったのだ。講員が「ことしん山ン神なよかごあっ」とおだてると、江口さんは「来年は豊作じゃっど」と祝福、やっとシメをもらって村山の講員が待つ公民館へ。

十人の講員はさっそく村山の山ン神へ。チラつく雪の中、夜来の残雪を踏みしめながら山を登り、神木のカシの木前で、元山と同じ祀りをし、なますと焼酎で直会《なおらい》。さらに約二百メートル離れたホコどんという陰石にシメを張り、ひとり一人、この石や集落に向かって「○○の嫁もろくいやーい」と叫ぶ。

ホコどんは、天からホコが自然石に落ちて穴があいた神石といわれる山ン神の依代《よりしろ》の一つ。ホコどんは縁結びの神ともいわれる。しかし、この神は耳が遠いので、大声で願立てするのだという。

このあと、講員はなますの入ったたんこをかつぎ、エンヤラヤーと叫びながら山を下りる。途中、人に出あうと、直径約五センチもある大きなハシでなますを振る舞う。もう冬の日もとっぷり暮れ、不知火海の向こうに天草島の街の火がチラチラ揺れていた。

【令和のいま】

現在も毎年変わらず行っている。（長島町教委）

52 フユルメ

大和村大和浜

イモ類の収穫感謝

ワキノロを中心にイモの収穫に感謝してフユルメの焼酎を飲む

奄美大島に「フユルメ」とか「フユウンメ」と呼ばれる霜月祭りがある。共に「冬折目」の意味で、イモ類の収穫感謝の祭りだ。大和村大和浜の「フユルメ」は、もう祭りの原形をとどめないほど崩れているが、今も旧暦十一月の初戊《はつつちのえ》の日（新暦十二月十五日）に行われた。

集落の中心部に守護神をまつる家「トネヤ」があり、フユルメの神事はここで行う。しかし、大和浜には現在、ノロ（女性の神職）はおらず、祭り人たちは川向かいの恩勝や西南部の大棚から〝出張〟する。トネヤも現在は本土出身の人が居住しており、家人はたまたま、この日は帰省中で、空き家だった。

祭りに参加したのは、親ノロの子孫である恩勝の前里純二さん（八一）と、大棚からやって来たワキノロの中浜マツさん（八六）、介添役の中田績《いさお》さん（七二）のお年寄り三人。前里さんの母親タケマツさんは恩勝最後の親ノロだったが、昭和二十二年に他界して、その後正式なノロ祭事はすたれたという。

フユルメはノロが司祭する神事なのでワキノロのマツさんを中心に、前里さんと中田さんがグジヌシ（男性の神役）ですすめられた。マツさんはノロの祭事衣であるシルギン（白衣）をはおり、床の間の祭壇と、その前に置かれた応接台に線香を六本ずつ立てる。一方、前里さんと中田さんは持参した供え物を取り出して祭壇に飾る。

フユルメの供え物は、コーシャまたはヤマンという栽培ヤムイモの一種を中心に、ハンス（カンショ）、ウム（サトイモ）、タウム（田イモ）などの根菜類を高膳に盛るのが習わし。だが、前里さんらが持ってきたのは袋菓子だけ。前里さんは「例年はそうするんですが、ウナグ（女）衆が風邪で寝込んでしまって――」と、顔を曇らせる。

マツさんは線香を前に正座し、「トウトガナシ（尊い神様）」と合掌、二人の杯に焼酎を注ぎ、三人でこれを飲み干した。この焼酎も本来はミシャグ（米粉とすり下ろした生カンショでつくった白い発酵液）のはずだ。このあと、三人は供え物を食べながら、しばし談笑、祭りは終わった。

フユルメは、コーシャを中心とした根菜類の収穫祭だというが、奄美にはフユルメと似た夏のノロ祭事がある。「ウフンメ（大折目）」という「夏折目」で、これは粟の収穫感謝祭。粟とイモの収穫祭が夏と冬に対峙《たいじ》する形で行われているわけで、二つの行事が稲作以前の古めかしい畑作文化の民俗であることを示している。

前里さんは「この日、山の神がカネを鳴らして山の尾根を歩き回り、里にも下りてくるので、決して山に行ってはいけない。静かに家で身を慎まなければならない」と語る。このことは、名瀬市小湊の「カネサル祭り」や九州本土に見られる山の神の恐ろしい性格と、山の神が畑の神や田の神に変化する神観念とも通じはしないか。

一方、民俗学研究家の小野重朗さんの報告によると、南大島の与路島ではエーリ（兄弟）の作ったイモをウナリ（姉妹）が食べ、豊作を祝福するという。フユルメは「やさしいウナリ神と恐ろしい山の神の二つの異なった神が関与」する興味尽きない民俗でもある。

【令和のいま】

一九八八〜八九（昭和六十三〜平成元）年ごろにノロ役の死亡により自然消滅した。（大和村教委）

53

トシドン

下甑村（現・薩摩川内市）手打

行い諭し年餅贈る

恐ろしい形相で幼児のいる家を訪れるトシドン

甑列島の最南端・下甑村手打地区。コケむした玉石垣が幾重にもうねり、旅人の心を洗う。大晦日《おおみそか》。波静かな手打湾に夜のとばりが下りるころ、若者たちが人目を避けるように公民館に集まる。トシドンに扮《ふん》する人たちだ。消防士の橋口芳さん（二七）ら六人が、役場職員の小川日昭さん（三八）、同、原崎岩雄さん（三五）の指導で、トシドンの扮装に余念がない。

ギョロつく大きな目、鋭く尖った三角の鼻、大きく開いた赤い口、ザンバラ髪にワラのミノ――この世の者とは思えない、恐ろしい怪奇な姿だ。

準備が整うと、三人組で城向方限と原向方限の二手に分かれて、二歳から七歳の子供のいる家庭をめざす。同地区の該当者は三十人だが、親がトシドンの来訪を要請

したのは約二十人。随行役の中学生たちが、

「トシドンさまが来よらっど
カチカチ打って来よらっど
餅を持って来よらっどお」

と叫ぶ。間髪を入れず「ドッドッドーッ、ヒッヒー」。随行役は拍子木の馬のひづめといななきの擬声。時折、トシドンは「おるか、おるか！」と、民家の戸を激しく叩いて回る。

「トシドンは日ごろ天上界に住み、年一回、大晦日の晩に天上界から集落裏の高い勝山に降り、大勢の家来を従えて〝首切れ馬〟に乗って来る」と、案内役の元教諭、橋口泉さん（六七）。

大阪からUターンしたばかりのクリーニング業、江口一源さん（四五）は二女留美ちゃん（七つ）＝手打小一年＝に「ふるさとの伝統行事を体験させよう」と、事前にトシドン来訪をお願いしていた。母親のなみ子さん（三三）は、二、三日前に、大きな鏡餅と、干しカライモで作った「コッパ餅」を搗《つ》いた。そしてトシドン来訪直前にトシドンの随行役にそうっと、この餅を託している。そんなことを留美ちゃんは知らない。これがトシドンがくれる「年餅」で、トシドンがよい子と判断すれば白い大きな鏡餅、悪い行いの子には黒いコッパ餅を渡すのだ。

室内の明かりを落とし、幻想的な雰囲気のなか、家族全員が正装、正座して息をひそめて待って

いる。間もなく雨戸を激しく叩く音。いよいよトシドンの来訪だ。「おるか、おるか！　留美、来て障子を開けェ！」。恐る恐る障子を開けた留美ちゃんは一瞬、アッと息をのんで後ずさり。神か人間か、半信半疑だった留美ちゃんも恐ろしい形相のトシドンと初対面し、恐怖におののいた。

三人のトシドンはかまわず立ちヒザで座敷に上がり込み､ドスの利いた声で「朝寝ん坊はいかん。ちゃんと天で見ていたぞ。早起きを約束するか！」。留美ちゃんは体を丸めて､小さな声で「ハイ」。トシドンはひとしきり説諭したあと「親のいうことを聞かんと、天道から見ておってね。また来っど。よーし、こけ来い」と手招きする。留美ちゃんはこわごわ犬のように四つんばいになって近づく。トシドンは「ほうび」の年餅を荒々しく留美ちゃんの背中に載せたが早いか、サッと姿を消した。この餅を「歳霊《としだま》」ともいう。これが「お年玉の原形」だろう。

小正月に現れる秋田のナマハゲと違い、甑島のトシドンは大晦日に出現するのが特徴。しかし、いずれも人々を新しい年や季節に導く神々。この種の仮面来訪神は、沖縄から東南アジアに広く分布しており、南方色の濃い古い習俗の一つだ。

地元の人びとは､新しい年を一つくれて回る仮面来訪神という意識よりも子供たちの〝しつけ神〟に重きを置いている。かつて村教委は、村立歴史民俗資料館にトシドンの模型を展示したが、「トシドンは年一回しか姿を見せないので、常設展示は困る」と、古老たちが撤去させたエピソードがある。子供たちの夢と民俗行事の純粋さを保つため「報道する新聞・テレビやカメラ撮影は、極力遠慮願っています」と橋口泉さん。

一九七六（昭和五十一）年、国の重要無形文化財に指定されたのを機会に手打、瀬々野浦、青瀬集落に六つの保存会が出来た。なお、トシドンは種子島の西之表市野木之平にもある。これは、甑島の台風被害などで一八八六（明治十九）年から始まった甑島から種子島への移住者たちの子孫たちが、故郷・甑島の伝統行事を今に伝えているのだ。

【令和のいま】

少子化で来訪する家庭は少なくなっているが、今も存続している。二〇一八（平成三十）年に「来訪神―仮面・仮装の神々」として、旧暦八月一日に現れる硫黄島の「メンドン」や旧暦七月十六日に現れる悪石島の「ボゼ」など全国十カ所とともに、ユネスコの無形文化財に拡大登録された。（薩摩川内市教委）

番外編

◆かごしま「大根の民俗」考（上）　大黒信仰

冬は大根の収穫期――。鹿児島県本土南部の畑作地帯では、大根干しの幾何学模様が新春の風物詩となっている。大根は古来、ハレの日の食でもある。とりわけ大黒信仰と大根とのつながりは深く、正月の大黒像に二股大根を供える風習が、大隅半島に広く分布している。オバンザオといって、正月の台所に葉つきの大根などをぶら下げる習俗も、南大隅で今もみられる。季節の根菜・大根の民俗を考えてみよう。

鹿児島では大黒神をデコッサアとかデフッドンと呼び、家のナカエの間（台所）の後ろの棚に祀っているのをよく見かける。

インドで発生した大黒神は、恐ろしい戦の神だったが、中国（唐時代）に入って食堂を守護する神に変化、日本でも台所に祀られるようになったという。

薩摩半島は家に大黒神を祀る風習が色濃く、台所の棚にススけた大黒像をいくつも安置している家庭がある。これは知覧町中福良などに見られる小正月行事のカセダウチで、新築した家に扮装した人たちが祝いに贈ったものが多い。この扮装した人々を、民俗学では「異郷からの来訪神」として注目している。大黒神がたたる、という話は聞いたことがなく、エビス神とともにもっとも身近な福神と意識されている。

大黒神はススケデコクの別名があるように、カマドの煙などで真っ黒になっているが「デコクさあは煤《すす》けて黒いのが好きなので、洗ったり、拭いたりしたらいけない」という。「デコクさあはコスッゴロ（けちんぼ）」ともいわれ、毎朝のご飯も少し供える。また、供えたご飯を娘が食べると、娘をデコクさあが呼び返すので、娘は縁遠くなるといわれる。デコクさあへの献花はイボタノキ（和名はネズミモチ）がよく、色花を供えると、家の男が色好きになる——など人間くさい俗信がよく聞かれる。

一方、大隅半島では正月、大黒神に葉付きの大根を供える風習が今も見られる。大根占町馬場、脇田耕一さん宅は今も、昔ながらの土間にカマドがある。居間への上がりがまちの柱に、よじれた二股大根を今年も供えていた。これをカケデコン（掛け大根）という。

なぜ正月に大黒神へ大根を供えるのだろう。供えている家々では「昔からそうしただけ」と、その由来は聞き出せなかった。民俗学研究家の小野重朗さんは「大隅地方で大黒神は畑作の神と意識されており、畑作の代表的な作物である大根を供えるのだろう」と、正月の畑作儀礼の一つと見ている。

そういえば、志布志町安楽の平床集落などでは旧暦十一月の初子《はつね》の日、大黒様のまつりをする。この日はアワもちを大黒棚に供える。翌日の丑《うし》の日は田の神講をする。小野さんの「民俗変遷の仮説」＝引き続き行われる民俗行事は、その行われる順序がその民俗の歴史的変遷の過程を示している＝に従えば、大黒信仰（畑作儀礼）は田の神信仰（稲作儀礼）より古い民俗だということになる。

このことから小野さんは、大正月は畑作正月、小正月は稲作正月と考えている。

さて、正月の大黒神になぜ、わざわざ二股の〝よじれたエロチックな大根〟を供えるのだろうか。

大黒様（中央の黒い小さな像）に供えられた〝よじれ大根〟＝大根占町城元

そこで思い浮かぶのが千葉県成田市の成田山新勝寺境内にある聖天様（歓喜天）。聖天は密教の仏で、子宝の神といわれ、像の下に二股大根を彫ったレリーフがある。聖天は民間では水商売にご利益があると信仰され、下半身の病によいともいわれる。また本州、特に信州に多い道祖神にも二股大根を供えるケースもあるという。

これらの実例は、二股大根に性的象徴を認めて一年の畑作の豊穣を作の神・大黒様に祈ったのだろうか――。

◆かごしま「大根の民俗」考（下）　正月のオバンザオ

大根や里イモ、アワ、ソバなどの根菜、雑穀類は、日本人にとってコメ以前の食糧だといわれる。私たちの祖先は水稲耕作主体の弥生文化以前、これら作物を焼き畑で栽培していた。特に照葉樹林地帯の鹿児島では、まだ焼き畑農業の痕跡を見ることができる。

前回も触れたように、民俗学研究家の小野重朗さんは、大正月をこれら作物を含めた畑作正月、小正月をその後に入ってきた稲作正月——と規定している。

オバンザオの一種、熊本県天草の「幸木」。オバンザオの下に餅を飾った臼があるのが特徴だ

大正月に小イモつきの大きな水イモ（田イモ）を親元に贈る（山川町尾下）。正月の雑煮は餅でなく、大きな里イモ（佐多町折山）。正月四日に「園のクワ入れ」をして、同十一日に「田のクワ入れ」をする（中種子町油久）などの民俗事例を見ると、いよいよ小野説は興味を誘う。

それはともかく、古来、大正月に欠かせな

い野菜が大根や里イモなどだ。これら根菜類は、単なるおせち料理の材料としてだけでなく、神への供物として、重要な役目も担っているようだ。

その代表的なものが正月飾りの一つ、オバンザオだ。オバンデコンともいわれるように、ナカエと呼ばれる台所の壁に棒を水平に吊るし、これに葉付きの大根などを下げたもの。かつて、薩摩・大隅両半島部や始良・大口地方、さらに南の島々まで広く分布していた。近年は生活の簡素化、画一化などで、こんな正月の情緒も薄れてきた。

いまも集落ぐるみでオバンザオを下げて新年を祝っているのは、太平洋に面した佐多町外之浦や竹之浦。なかでも外之浦（約五十戸）はほぼ全戸でこの風習がことしも見られた。

サオは、シイやタブなど実のなる木がよい、といわれるが、いまでは竹で代用している家庭も多い。棒の両側を縄で吊るし、これに葉付きの大根を下げる。その数は家によってまちまちだ。

熊本県の天草町高浜で、オバンザオと同じサワギ（幸木）を見た。山崎惣光さん（五五）によると、サワギは分限者の山の松の木がよく、長さも七尺五寸三分（約二・二八メートル）。不幸があると、新しいものに取り換える。下げる大根は奇数がよいという。

外之浦では棒の中央部にコンブやダイダイ、キビナゴを下げていた。これが腹を割らない丸ごとの掛けの魚で、冷蔵庫がなかったころは、塩をたっぷり詰め込んだブリやタイの大判を下げた。天草ではいまも対の掛けの魚のほか、農具のクワも下げ、ウラジロやユズリハを添えていた。めでたいものを飾りたてて、台所の神である火の神やカマド神へ正月の供物をするのだろう。鹿児島では掛けの魚はその後に少しずつ切って食べ、二十日《はつか》正月に大根なども下ろして「骨の汁」をつくって食べた。

オバンザオのメーンはやはり大根だ。デフッドン（大黒様）の掛けデコン同様よじれた二股大根がよいというのも、その形状から豊穣のシンボルを連想させるのだろう。飾った大根の葉が枯れると干年、湿って腐ると雨年、花が咲くと幸運――などの年占いも行われる。

竹之浦などでは正月の床飾りや墓前に大根と里イモを供え、これがハレの日の重要な供物であることを示している。大根は冬の重宝な野菜であるだけでなく古来、ハレの供物、神人共食の食物として欠かせないものであったのである。

◆鹿児島のモッドシ（小正月）行事

一月十四、十五日は小正月。鹿児島ではモッドシ（望年）ともいい、各地で子どもを中心とした多彩な民俗行事が行われる。ちょっと足を延ばして「生きている伝統行事」にひたるのもよかろう。主な小正月行事を紹介しよう。

一月十四日夜

◎カセダウチ　異装の神々が夜、新築の家を祝福して回る。家主はオタマジャクシ入りの吸い物など出し、神々を歓待する。川辺郡知覧町郡、豊玉姫神社宮司の赤崎千春さん宅でも行う。姶良郡福山町牧之原地区では午後六時半ごろから新築した西牧之原の浜口利光さん宅など五、六棟を祝福する。

◎**モグラウチ**　大口市金波田と隣の堂崎地区。ともに午後六時ごろ、子どもたちが公民館を出発、各家に出かけ、庭をホテ棒で力いっぱいたたき、モグラを追っ払い豊作を祈る。

◎**ダセチッ**　揖宿郡山川町利永地区。午後四時ごろから、子どもたちが新婚家庭を訪れ、タブの木などを削って作ったダセ棒で「ダーセ、ダーセ」と歌いながら地面を突く。ハラメウチの一種か。なお、ハラメウチで有名な大口市下ノ木場は昨年、新婚家庭がなく、ことし（昭和六十年）は中止。

◎**麦ほめ**　阿久根市倉津地区で夕方、十四歳以下の子どもたちが各家々で、家業の繁栄をたたえる。農村部では麦の育ちをほめ、豊作を祈るが、海岸部は「豊漁」を祈る形が多い。

異装した神々を荒々しくもてなすカセダウチ＝薩摩郡入来町辻原

◎**カベウックジイ**　垂水市柊原で子どもたちが下校後の午後四時から、家々の垣根に見立てた仮の垣を「ハラメ、ハラメ」と叫びながらたたく。ハラメウチの一種。

◎**ナレナレ**　鹿児島市東桜島町高免地区。午後七時ごろ、子どもたちが棒を持って地区に繰り出し、庭先のミカンやビワの木を「ナレ、ナレ」と唱えながら叩く。

一月十五日

◎**カーゴマー**　熊毛郡南種子町平山、茎永、上中地区。午後六時ごろから晴れ着に白手ぬぐいの女装をした青年らが各戸でカネ、太鼓に合わせて扇子片手に舞う。カーゴマーは蚕舞の意味で、養蚕振興を祈る。

一月十六日

◎**メンドン**　揖宿郡山川町利永地区。利永神社でお伊勢講の後、午後三時ごろからご神幸。後続の鬼やおたふく面などのメンドンが、通行人に魔除けのヘグロ（すす）を塗って歩く。

◆お伊勢講で〝立志式〟

川辺郡笠沙町片浦で、ことし（昭和六十年）は一月十一日、お伊勢講で十五の春を祝う〝立志式〟があった。お伊勢講といえば、鹿児島県内に数ある講のなかでも女性の民俗芸能の代表格。笠沙では、これがいつの間にか十五二才（ニセ）入りと習合し、立志式的な色彩が強く前面に出されている。伊勢神は太陽神でもある。未来に羽ばたこうとする少年たちの守り神としてうってつけではある。早春の南薩路に、このユニークな民俗を訪ねた。

片浦は野間半島の東岸にあるのどかなリアス式海岸の天然の良港。急斜面の山すそに二百四十五戸がへばりつくように軒を並べる純漁村だ。細い路地が入り込み、早春の潮の香がさわやか。集落を見下ろす高台の公民館では〝立志式〟の真っ最中だった。

この日、二才入りを許されたのは生駒健作君（笠沙中一年・十四歳＝以下同じ）ら数え年十五歳の六人。普通の立志式は中学二年で行うので、六人は一足早い立志式だ。正面にはお伊勢さあのご神体を納めた小箱の祠が鎮座し、講らしい雰囲気を漂わせる。神事のあと、仮山長太郎公民館長、宗岡健治町教育長らが「皆さんは昔なら元服を迎える歳。青年の自覚を新たに、二十一世紀を担う立派な人になってほしい」と激励した。

型通りの式が終わると、お母さんたちの心尽くしのぜんざいが振る舞われた。人生の厳粛な通過儀礼を無事果たした生駒君らはホッと肩の荷を下ろしたように、温かいぜんざいを無心にすする。この姿を頼もしげに見守る両親や地区の人たち。ぜんざいの甘さに地区民の愛情と期待がこもっているのだ。

いよいよ、二才入りしたばかりの少年たちが、ご神体とともに巡幸だ。先頭は、祭神天照大神にちなんだ旭日《きょくじつ》をしるしたノボリ二基。その後に「振り子」と呼ばれる少年たちの隊列が続く。この振り子役は、かつて〝十五二才《にせ》〟だけに許される晴れ舞台だったが、最近は過疎で対象少年が少なく、中・高校生の先輩二十数人も助っ人を買って出る。

その後方が神官や青年に担がれたご神体――。

振り子はサルやキツネ、ヒョットコ、天狗などの面に白手ぬぐいをかぶり、ナギナタをかつぐ。服装は女物の赤い半襦袢《じゅばん》、下は俗にいうデコンバッチ姿で素足のいでたち。仮面の振り子は諸々の邪霊を払う露払い役らしい。ドーン、ドーン、ジャーン、ジャンと太鼓やドラが打ち鳴らされると、振り子たちは「オイヤナー、オイヤナー」と掛け声も勇ましく、ナギナタを左右に振って行進する。「オイヤナー」とは「居られますか」の意味で、「居られたら〝お賽銭《さいせん》をください〟と、暗に催促しているのですよ」と仮山公民館長。

しばらく進むと、太鼓が乱打される。すると、整然と行進していた振り子たちは歓声をあげ、ハチの巣を突いたように四方に散る。そして、肩にしたナギナタで沿道の見物客を誰構うことなく軽く突いて回る。逃げ惑う婦女子や子供たち。だが、このナギナタで突かれると、一年間無病息災でいられると信じられており、お母さんたちは自ら進んで少年たちが持つナギナタに触れてもらう。

　ひとしきり暴れまわった振り子連も太鼓の音で再び隊列を組み「オイヤナー、オイヤナー」と巡幸再開。集落を一周したあと、港の突堤で同じしぐさを繰り返す。夕日が赤く染まったおだやかな海をバックに、ナギナタを振る少年たちのシルエットが浮かび、漁村ならではの「早春の風物詩」を描く。夜は各家で盛大な二才祝いが催された。

「オイヤナー、オイヤナー」と地区を巡幸する十五二才《にせ》たち

　お伊勢講が色濃く残っている隣の大浦町などでは、伊勢神が疱瘡《ほうそう》神と結びつき「疱瘡にかからないよう、かかっても軽くすむよう」に疱瘡踊りを奉納するケースが多い。ところが、片浦はいつからか定かでないが、二才入りの人生通過儀礼的な色彩が強く意識され、少年たちが講の主役になっている。

「お伊勢さあは荒神さあ」というのも鹿児島では共通している信仰。大浦町大木場では、ご神体の巡幸の際、オンケ（お迎え）といって仮面変装した婦人たちが巡幸を邪魔する。なのに、片浦の振り子はご神体を守り、見物人を追いかける。両者に発想の逆転現象が見られて興味深い。

お伊勢講の講宿は、くじ引きで決め、当たった人が次の講までご神体を自宅で預かる。ところが、家族や地区民を危害から守るべき伊勢神なのに、逆に災難をもたらし、きらわれ者になっている、と信じられているのは共通している。大木場では「講宿でヤケドを負う事故が続いた」（上畠義雄公民館長）、片浦でも「講宿で火災が続いた」（仮山公民館長）ため、いずれも戦後は公民館をお伊勢さあの常宿にするようになった。

いにしえ人に恐れられた天然痘が地球上からほぼ消え、お伊勢信仰の原初的な姿は時代とともに変わっていく。しかし、少年非行が深刻な社会問題になっている今日、地区をあげて少年たちの成長を祝い、自覚を促すこの民俗行事は、いつまでも守り続けてほしい「野の文化」だ。

【令和のいま】

近年、少子化により、ここ数年、二才（ニセ）の対象者がいなくなり、集落外の大笠中学校に参加をお願いし、青壮年とともに祭りを行っている。（南さつま市教委）

◆ジャンボ・メノモチで豊作祈る

正月十四、十五日は小正月――。鹿児島県内では、この日を「モッドシ（満月の望の年）」などと呼び、ハラメウチやモグラ打ち、カセダウチなど各地でさまざまな民俗的な小正月行事が繰り広げられた。また「メノモチ」といってエノキや柳にさいの目切りの白い餅を枝もたわわに飾る民俗風習も県内各地で見られたが、最近はめっきり見かけなくなった。そこでこの風習をかたくなに守り続けている大口市西永尾の農業、内田義光さん（八〇）宅を訪れ、見事なジャンボ・メノモチを見せてもらった。

内田さん宅は市街地南離れの伊佐平野が見渡せる所にあった。伊佐米で知られる広大な水田地帯は、あちこちに残雪が輝き、底冷えが厳しい。

十三日、義光さんと妻のキクノさん（七六）は、一斗二升（十八キロ）の餅を搗《つ》いた。メノモチ用の餅は塩を入れて搗く。「塩を入れると、餅がヒビ割れしにくいんです」と義光さん。白餅のほか赤、緑の食紅入り、それに黄色いアワ餅と彩り鮮やかな丸餅が入った餅箱が山積みされた。

翌十四日朝、床に三角形に積まれた米俵を奥座敷の六畳間中央に運ぶ。この米俵は昨年末、義光さんが、年飾りに手作りしたもので、中身は正真正銘のお米入り。「最近は米俵用のワラを集めるのに苦労しもす」と義光さん。

これに枝ぶりのいい高さ一・五メートルほどのエノキを差し、夫婦そろって枝という枝すべてに餅を刺す。見る間にカラフルな餅の花が咲く。「どれぐらいの餅？」と向けると、義光さんは「さあ、一年の日の数はあるでしょうか」。三十分もすると、六畳間いっぱい餅の花で埋め尽くされた。さらに内田さん夫婦は、オカマサア（かまど）や牛小屋、風呂小屋、お墓などにも小さなメノモチを飾った。

出来上がったころ、近所の人たちも「今年もよかメノモチが出来もしたどなあ」と見学にやって来た。「米が豊作になるよう、昔から作っています」と義光さん。

民俗学では「メ」は「繭」の意味で「蚕がたくさん育つように飾る豊作予祝」だといわれている。義光さん宅だけでなく、一帯では、戦前まで養蚕が盛んだった。最初養蚕の神としてメノモチを飾ったが、その後、養蚕がすたれるにつれ、稲作の神に変遷したのだろうか――。このメノモチ、全国的には「繭玉」と呼んでいる。

このメノモチは二十日正月におろして、ぜんざいや油揚げ餅にして食べる。スライスした揚げ餅

ジャンボ・メノモチを枝いっぱいに飾った内田義光さん宅

はほんのり塩味がして香ばしく、「一年中子供たちのおやつにもしもした」とキクノさん。

内田さん宅でも二十日正月におろしていたが、その見事な出来栄えに、民俗学研究家などが県内外から見学に訪れるので、最近は節分の日まで飾っているという。

「先祖代々引き継がれた正月行事なので、私たち夫婦の目の黒いうちは毎年作りもさ」。内田さん夫婦は見事なジャンボ・メノモチにいつまでも見とれ、満足気だった。

なぜ、小正月に豊作を祈る農耕民俗行事が集中するのだろうか。民俗学研究家の小野重朗さんによると、正月二日はクワ入れ、柴祭り（狩猟始め）があり、大正月は畑作、狩猟始めに関連する行事が多い。半面、小正月は田打ち、鏡開き（十一日）やメノモチ、モグラ打ち、ハラメ打ち（十四日）など稲作の予祝行事が集中している。このことから大正月は狩猟・畑作正月、一方、小正月はその後に入ってきた稲作正月と対比できるという。

それに昔の農民にとっては月の満ち欠けが、耕作と深くかかわっているので、旧暦の満月の日を年の始めとする精神があったのかもしれない。そして各種民俗行事に餅が登場するのは、私たちの先祖が丸い餅に稲作の豊穣を与える霊力があると信じていたのだろう。


【令和のいま】

今年も内田義光・キクノさん夫妻の後を継いでいる長男の内田一さん（八六）が二〇一九年一月十二日に祭りをしているシーンが南日本新聞に報道された。（伊佐市教委）

◆長島の「年取り直し」

出水郡長島で「年取り直し」の民俗行事があり、厄年の人たちが餅入りのワラットを道端などに下げて厄払いをする風習を見学した。これは鹿児島本土とは違ったスタイルの厄払いだ。

「年取り直し」とは、新年を迎えて年回りの悪い人たちが、厄年の不安を払い除くため、同年中に仮の正月儀礼をし、心情的な年を重ねて難を逃れようとすること。一般的に新年の行事がすんだ初めての朔日、いわゆる二月一日に餅を搗き、門松も立てて重ねて正月の祝いをする。鹿児島本土ではこんな風習は見られないが『綜合日本民俗語彙』（平凡社刊）などを見ると、長島でも「二月朔日」に、餅入りワラットを道端に下げる――と紹介している。

山道の木に下げられた「年取り直し」の餅入りワラット＝東町

長島・東町でこの民俗を見聞して、二つの疑問点が湧いた。一つは、厄年の考え方が長島と本土に差異があること。もう一つは年取り直しの日が、現実に「旧暦元日」になっており、『綜合日本民俗語彙』などの「二月朔日」は誤りではないか――ということだ。

厄年の俗信は中国の陰陽道に由来し、民間に広まったのは近世だといわれる。一般に男厄は数え年二十五歳と四十二歳、女厄は同十九歳、三十三歳といわれ、今も節分の日に神社やお寺で厄除け祈願をする風習がみられた。長島でも近年、これら年齢を厄年と認識し、厄除け祈願をする。しかし、これとは別に古来、数え年の末尾が「七」と「九」の人たちが「年取り直し」をする伝統が見られる。

家族にこれに該当する年齢の人がいると、餅を搗き、親指大に丸めた餅を自分の数え年より一つ多くワラットに詰め、人っ気のない早朝や深夜に三差路の突き当たりや山中に下げておく。長島町汐見や広野では「人に食べてもらい、自分の厄を払うためだ」という。同町城川内の主婦竹山ハルエさん（五七）は、旧暦正月の一月二十九日朝、林道の三差路で八個を拾ったが「この餅は家に持ち帰ったらいけないので、工事現場の人たちに差し入れた」と語る。同町平床などでは「カラスにあげる」といって、山中の木にワラットを掛ける。これは鹿児島本土に広く見られる烏勧進《からすかんじん》の民俗心意にも通じる。

ところで「七、九の年」の人は年回りが悪く、年取り直しをするのは、なぜだろう。一般にいわれる男厄四十二歳は「死に」に、女厄三十三歳は「散々」に通じる語呂合わせだとも考えられる。七は「泣く」、九は「苦」にも通じる訳だが、なぜ長島だけ「七と九」を忌み嫌うのかわからない。

聞き取りした範囲で、二月一日に年取り直しをした家は一軒もなく、全員が「旧正月朝」か「旧大晦日夜《おおみそか》」と答えた。『綜合日本民俗語彙』等の記録もあり「旧正月を行っていたころは、旧二月朔日に年取り直しをした。その後、新正月に移行して、年取り直しは旧正月に変更したのでは」との仮説を立てる古老の話も聞いた。

長島町で新正月を祝う風習は戦前からあったらしく、同町城川内の飯尾トシノさん（九〇）らは「私たちが娘のころ旧正月に年取り直しをしたし、その後もずっとそうだ」と断言した。

厄年の人が元日に重ねて年取りをする「並び正月」の風習は、山口県蓋井島《ふたおい》などでも見られる（平山敏治郎『歳時習俗考』）し、長島で旧正月に行ってもその整合性に疑問はない。『綜合日本民俗語彙』等の報告は、旧正月と新暦二月一日が、年によって近接、あるいは重複するための混乱によるものではなかろうか。

それはともかく、餅入りワラットを三差路に下げ、他人に取ってもらうものより、山のカラスにあげる、というのがより古い習俗だろう。自分の実際の年より餅を一個多く入れ、神の使いでもあると認識されているカラスを騙《だま》して、厄年の難を免れたい、とする庶民心理は素朴でほほえましい。

◆初誕生日に「餅踏み」

お七夜、お宮参り、食い始めなど子供の成長を祝う折々の人生儀礼は数多い。七草や七五三は年々華やかになっている。だが、初誕生の日の「餅踏み」は、もう都市部ではあまり見られなくなった。

そこで川辺郡知覧町郡の会社員村方敏孝さん（三五）宅を訪れ、二男直己ちゃんの「餅踏み」をの

郵便はがき

料金受取人払郵便

鹿児島東局
承認
853

差出有効期間
2021年7月
31日まで
切手を貼らずに
お出し下さい

8 9 2-8 7 9 0
168

鹿児島市下田町二九二―一

図書出版
南方新社 行

ふりがな 氏名		年齢　　歳 男・女
住所	郵便番号　　－	
Eメール		
職業又は 学校名		電話（自宅・職場） （　　）
購入書店名 （所在地）		購入日　　月　　日

書名　（　　　　　　　　　　　　　　　　）愛読者カード

本書についてのご感想をおきかせください。また、今後の企画についてのご意見もおきかせください。

本書購入の動機（○で囲んでください）

A　新聞・雑誌で　（紙・誌名　　　　　　　　　　　　　）

B　書店で　C　人にすすめられて　D　ダイレクトメールで

E　その他　（　　　　　　　　　　　　　　　　　　　　）

購読されている新聞，雑誌名

新聞　（　　　　　　　　）　雑誌　（　　　　　　　　）

直接購読申込欄

本状でご注文くださいますと、郵便振替用紙と注文書籍をお送りします。内容確認の後、代金を振り込んでください。（送料は無料）		
書名		冊
書名		冊
書名		冊
書名		冊

ぞいてみた。

初誕生の日は「歩き祝い」とか「餅誕生」ともいう。直己ちゃんも生後十カ月で歩き始め、今よちよちとかわいい盛り。この日、母親の美智子さん（二八）とおばあちゃんのチエさん（六七）は、一升（一・八リットル）の鏡餅を二臼つき、赤飯を炊いて「餅踏み」の準備に追われた。

両親の祝福を受けて餅踏みする村方直己ちゃん

夕方、父親の敏孝さんの帰宅を待って、喜びの「餅踏み」。直己ちゃんは新調の草履と黒い手甲を付けてもらい、風呂敷にくるまれた一升餅を背負わされる。まだ足元がおぼつかない直己ちゃんは、餅の重みでふらつく。両親は直己ちゃんを床の間に飾ってある大きな丸い一升餅のところに連れて行き、これを踏ませた。
餅の傍のお盆には、電卓と筆箱、皿に盛った赤飯の三品が並べてあり、両親は直己ちゃんをこのお盆の前に座らせた。家族の目は直己ちゃんの手先に注がれている。直己ちゃんの右手が筆箱に伸びた。
「やっぱり、直己は将来勉強がでくっど」と敏孝さんは大喜び。長男の勝己ちゃん（三つ）は赤飯を選び「食いっぱぐれしない」と喜んだという。ちなみに電卓（昔はソロバン）を握ると「数学に明るい子になる」といわれているように、誕生の日にその子の将来を占う民俗行事でもある。

餅踏みについて、母親の美智子さんは「誕生前に歩くのは畜生と一緒なので、魔除けのため、誕生前に歩いた子だけ餅を踏ませる、と聞いています」と語っている。そういえば「早く歩く子は親を見捨てる」という俗信もある。熊本県の阿蘇地方では、餅踏みを「ブッタオシ餅」といい、ハグレコ（早く立つ子）に餅を踏ませ、白米を背負わせて、わざと子供を倒す風習もある。これらの例から、まだ誕生前後は歩くにしても危険が多く、餅に宿る霊力を借りて丈夫な子に育ってほしい、という親の願いが込められているのだろう。また踏んだ餅は、小さく切って参会者や近隣に配る風習もあるので、子供の成育を披露する意味も考えられる。

この餅はナマで食べる。焼いて食べると、その子供が火難に遭う、と忌み嫌う地域もある。ともあれ、この餅踏み、両親にとっては一年間の育児の苦労を忘れ、すくすく育つわが子への期待と喜びの一日ではある。

【令和のいま】

変質しながら続いているところがあると思うが、平成四年以降、まとまった民俗調査を実施していないため、伝承されているかどうかは確認していない。（南九州市教委）

主な参考文献

小野重朗『かごしま民俗散歩』南日本文化新書、一九六六年七月二十八日
小野重朗『民俗神の系譜』法政大学出版局、一九八一年七月一日
小野重朗『鹿児島歳時十二月』西日本新聞社、一九七八年九月十八日
小野重朗『神々の原郷』法政大学出版局、一九八一年七月一日
小野重朗『奄美民俗文化の研究』法政大学出版局、一九八二年十月二十五日
下野敏見『タネガシマ風物誌』未來社、一九六九年六月三十日
下野敏見『トビウオ招き』八重岳書房、一九八四年十一月二十五日
北山易美『黒潮からの伝承』南日本新聞開発センター、一九七八年八月一日
窪寺紘一『民俗行事歳時記』世界聖典刊行会、一九八五年十一月十五日
民俗學研究所編『改定綜合日本民俗語彙 一～五巻』平凡社、一九五五年六月三十日

あとがき

一年間、取材から写真撮影までよくぞ熟《こな》したものだと、三十四年前のスクラップをめくり、病身のいま、若く精力的な自分に驚嘆している。その後の急激な少子化と過疎化などで、取り上げた鹿児島県内の民俗行事はほとんど消滅しているのでは――と危惧していたが、内容はともかく、多くが細々ながら何とか生き残っていることが分かり、胸を撫でおろしている。ただ奄美のノロ行事のようにノロ制度が崩壊し、最後のノロが他界したりして完全に消滅しただけに、最後のノロ行事の一端を記録できたのは幸いだった。

鹿児島の民俗は、本土の北からのヤマト・アイヌ文化と南からの南島文化が混ざり合い、豊かで貴重な民俗文化の吹き溜まりといわれる。しかし、過疎化と産業構造の多様化、極端な少子化などで「民俗は滅びつつある」といわれて久しいが、鹿児島では関係者らの必死の努力で、その火は微かに灯っている実態が各市町村教育委員会へのアンケート調査で分かり、民俗学を学ぶ者として複雑な思いがすると同時に、存続へ懸命な関係者の努力に敬意を表する。この拙い書の刊行により滅びた民俗が一つでも復活し、鹿児島の文化がさらに花開くよう期待したい。

「母と子の民俗」の現状について調査のお願いを快く引き受けてくださった関連市町村教育委員

会に深甚のお礼を申し述べたい。また、民俗文化にご理解いただき、著作権の使用を快く承諾していただいた南日本新聞社に改めて深く感謝の意でいっぱいだ。さらに、出版を引き受けてくださった南方新社にも心から謝意を表す。五月の連休中、帰省していた孫たちが、スクラップをリライトする古風な私の姿を見て、「パソコンで〝スキャン〟すれば簡単だよ」と手分けしてたった一日で、もとの原稿に戻してくれた。孫たちを誇りにしている。

名越　護（梅雨空の下）

執筆者プロフィール

名越　護（なごし・まもる）

1942年奄美大島宇検村生勝生まれ。甲南高校から1965年立命館大学法学部卒、同年記者として南日本新聞社入社。2003年編集委員で定年退職。鹿児島民俗学会会員。著書に『南島雑話の世界』（南日本新聞開発センター刊）『奄美の債務奴隷ヤンチュ』『鹿児島藩の廃仏毀釈』『自由人西行』『クルーソーを超えた男たち』（ともに南方新社刊）など。『南島植物学、民俗学の泰斗　田代安定』（南方新社刊）で第43回南日本出版文化賞受賞。77歳。

住所　〒890-0032 鹿児島市西陵1丁目24－15

鹿児島 野の民俗誌
――母と子の四季――

二〇二〇年一月二十日　第一刷発行

編　者　南日本新聞社
発行者　向原祥隆
発行所　株式会社 南方新社
〒八九二―〇八七三　鹿児島市下田町二九二―一
電話　〇九九―二四八―五四五五
振替口座　〇二〇七〇―三―二七九二九
URL　http://www.nanpou.com/
e-mail info@nanpou.com

印刷・製本　株式会社 イースト朝日
定価はカバーに表示しています
落丁・乱丁はお取り替えします
ISBN978-4-86124-414-8　C0039

【執筆者・名越 護の著書】

薩摩漂流奇譚

◎名越　護
定価（本体1600円+税）

江戸期、藩米1400石を満載した薩摩船・永寿丸が姿を消した。10カ月の漂流の末、千島列島のハルムコタン島に漂着する。乗組員25人中、生存者わずか３人。遭難・漂流という極限の世界をどのように生き延びたのか。

鹿児島藩の廃仏毀釈

◎名越　護
定価（本体2000円+税）

明治初期に吹き荒れた廃仏毀釈の嵐は、鹿児島においては早くも幕末に始まった。1066の寺全てが消え、2964人の僧全てが還俗した。歴史的な宝物がことごとく灰燼に帰し、現存する文化財は全国最少クラスの不毛である。

田代安定
―南島植物学、民俗学の泰斗―

◎名越　護
定価（本体2800円+税）

第43回南日本出版文化賞。明治中期～大正にかけてトカラ列島、沖縄、八重山等を探検し、台湾、太平洋の島々を巡り、人類学や民族・民俗調査を実施した田代安定。田代の足跡を辿り、遺した功績をあらためて評価する。

奄美の債務奴隷ヤンチュ

◎名越　護
定価（本体2000円+税）

藩政時代、植民地政策によって大量に発生した債務奴隷ヤンチュ（家人）は、人口の２、３割、集落によっては５割を占めたといわれる。長くタブー視されてきたその起源と実像に迫る渾身のルポルタージュ。

自由人　西行

◎名越　護
定価（本体2000円+税）

平安末期、武家政治に道を開いた平清盛と同じ「北面の武士」というエリートだった西行。しかし、突然、その地位や名誉、妻子まで捨てて、23歳の若さで出家した。漂泊の僧西行の追求した自由を探る。

クルーソーを超えた男たち
―流木で帰還船を造った
志布志船の漂流譚―

◎名越　護
定価（本体1400円+税）

江戸期、無人島の伊豆鳥島に漂着した船は、記録に残るだけでも14艘に上る。本書は、島に棲むアホウドリを糧に、磯の貝、魚で飢えを凌ぎ、流木を拾い集めて船を造り、12年4カ月生き延びて遂に帰還した男たちの実話である。